MARCHA CRIANÇA

5º ANO
ENSINO FUNDAMENTAL

LÍNGUA ESPANHOLA

Mirtha Daisy Debia Bustos

Natural do Uruguai, é bacharela licenciada em Letras – Português e Espanhol. É também bacharela em Literatura Espanhola, Portuguesa e Hispano-americana. Em 2004, concluiu o Curso de Especialização e Extensão em Fonética, Fonologia e Morfologia pela Pontifícia Universidade Católica de São Paulo (PUC-SP). É professora de Língua Espanhola desde 1995. Atualmente leciona na Escola Santa Marina, em São Paulo (SP).

Tânia Moraes Gaspar

É bacharela e licenciada em Língua Portuguesa e Língua Inglesa, com curso de complementação pedagógica pelo Instituto Metodista de Ensino Superior. Fez estágio de observação em salas de aula com crianças de 4 a 10 anos em Londres, na Tassis School. Nessa mesma cidade, cursou a Saint George School.

editora scipione

editora scipione

Presidência: Mario Ghio Júnior
Direção de Soluções Educacionais: Camila Montero Vaz Cardoso
Direção editorial: Lidiane Vivaldini Olo
Gerência editorial: Viviane Carpegiani
Gestão de área: Tatiany Renó
Edição: Marina S. Lupinetti (coord.) e Marina Caldeira Antunes (assist.)
Planejamento e controle de produção: Flávio Matuguma, Juliana Batista, Felipe Nogueira e Juliana Gonçalves
Revisão: Kátia Scaff Marques (coord.), Brenda T. M. Morais, Claudia Virgilio, Daniela Lima, Malvina Tomáz e Ricardo Miyake
Arte: André Gomes Vitale (ger.), Catherine Saori Ishihara (coord.) e Claudemir Camargo Barbosa (edição de arte)
Diagramação: Ponto Inicial Design Gráfico
Iconografia e tratamento de imagem: André Gomes Vitale (ger.), Claudia Bertolazzi e Denise Durand Kremer (coord.), Tempo Composto (pesquisa iconográfica), Fernanda Crevin (tratamento de imagens)
Licenciamento de conteúdos de terceiros: Roberta Bento (ger.), Jenis Oh (coord.), Liliane Rodrigues, Flávia Zambon e Raísa Maris Reina (analistas de licenciamento)
Ilustrações: Nicolas Maia (Aberturas de unidade) e Ilustra Cartoon
Design: Erik Taketa (coord.) e Gustavo Vanini (proj. gráfico e capa)
Ilustração de capa: Estúdio Luminos

Todos os direitos reservados por Somos Sistemas de Ensino S.A.
Avenida Paulista, 901, 6º andar – Bela Vista
São Paulo – SP – CEP 01310-200
http://www.somoseducacao.com.br

Dados Internacionais de Catalogação na Publicação (CIP)

```
Bustos, Mirtha Daisy Debia
   Marcha Criança : Língua espanhola : 1º ao 5º ano /
Mirtha Daisy Debia Bustos, Tânia Moraes Gaspar. -- 3.
ed. -- São Paulo : Scipione, 2020.
   (Coleção Marcha Criança ; vol. 1 ao 5)

   Bibliografia

   1. Língua espanhola (Ensino fundamental) - Anos iniciais
I. Título II. Gaspar, Tânia Moraes III. Série
                                        CDD 372.6
20-1103
```

Angélica Ilacqua - Bibliotecária - CRB-8/7057

2024
Código da obra CL 745873
CAE 721121 (AL) / 721122 (PR)
ISBN 9788547402815 (AL)
ISBN 9788547402822 (PR)
3ª edição
8ª impressão

Impressão e acabamento: Vox Gráfica / OP: 247478

Uma publicação

Nicolas Maia/Arquivo da editora

Com ilustrações de **Nicolas Maia**, seguem abaixo os créditos das fotos utilizadas nas aberturas de Unidade:

Unidade 1: Vaso com planta: Ruslan Semichev/Shutterstock, **Mesa:** kibri_ho/Shutterstock, **Estante:** Nomad_Soul/Shutterstock, **Sofá:** Photographee.eu/Shutterstock, **Mala amarela:** CoolPhotoGirl/Shutterstock, **Tapete:** New Africa/Shutterstock, **Quadros:** SUN-FLOWER/Shutterstock, **Luminária:** Visual Storyteller/Shutterstock, **Mala laranja:** Macrovector/Shutterstock, **Cortina:** Lifestyle Travel Photo/Shutterstock, **Mala vermelha:** tavi/Shutterstock.

Unidade 2: Árvore: polaris50d/Shutterstock, **Banco de jardim:** Looka/Shutterstock, **Arbustos redondos:** gan chaonan/Shutterstock, **Semáforo:** BOYDTRIPHOTO/Shutterstock, **Ambulância:** Rob Wilson/Shutterstock, **Carro vermelho:** Tomaschudas/Shutterstock, **Árvores:** gan chaonan/Shutterstock.

Unidade 3: Casa pegando fogo: Richard Foote/Shutterstock, **Parede com azulejo:** Luigi Morbidelli/Shutterstock, **Mesa de operação:** RTimages/Shutterstock, **Regador:** pukach/Shutterstock, **Plantas:** sakdam/Shutterstock, **Lousa:** ermess/Shutterstock, **Sala de hospital:** XiXinXing/Shutterstock, **Cadeira:** Artem Avetisyan/Shutterstock, **Capacete:** Ajintai/Shutterstock, **Parede:** Santirat Praeknokkaew/Shutterstock, **Cozinha:** Luigi Morbidelli/Shutterstock.

Unidade 4: Coqueiros: Jakkrit Orrasri/Shutterstock, **Mata:** SL-Photography/Shutterstock, **Pássaros:** PhuchayHYBRID/Shutterstock, **Tartaruga:** Rich Carey/Shutterstock, **Peixes:** bluehand/Shutterstock, **Raquetes:** Lilkin/Shutterstock, **Barraca vermelha:** Mathisa/Shutterstock, **Barraca azul e verde:** Greenlate/Shutterstock, **Cadeira de praia:** Venus Angel/Shutterstock, **Coco:** COLOA Studio/Shutterstock, **Caranguejo:** neung_pongsak/Shutterstock.

APRESENTAÇÃO

Esta coleção, agora reformulada com inúmeras novidades, foi especialmente desenvolvida pensando em você, aluno dos Anos Iniciais do Ensino Fundamental, pois sabemos dos seus anseios, suas curiosidades, seu dinamismo e sua necessidade de descobrir novos horizontes.

Cada volume vai ajudá-lo a adquirir o conhecimento sobre a Língua Espanhola e a cultura de seus falantes, além de trazer peculiaridades e curiosidades, seja desenhando, pintando, brincando, cantando, escutando, escrevendo, falando, seja interagindo com o vocabulário e as estruturas apresentadas de modo divertido e prazeroso!

Pronto? Então prepare-se para viajar nesse universo e... boa marcha rumo ao conhecimento!

¡Bienvenido al mundo hispánico!

As autoras

ACÉRCATE A TU LIBRO

Veja a seguir como o seu livro está organizado.

UNIDAD
Seu livro está organizado em quatro unidades temáticas, com aberturas em páginas duplas. Cada unidade tem duas lições.

As aberturas de unidade são compostas dos seguintes boxes:

ENTRA EN ESTA RUEDA
Você e seus colegas terão a oportunidade de conversar sobre a cena apresentada e a respeito do que já sabem sobre o tema da unidade.

EN ESTA UNIDAD VAMOS A ESTUDIAR...
Você vai encontrar uma lista dos conteúdos que serão estudados na unidade.

¿CÓMO SE DICE?
Esta seção tem o propósito de fazer você observar e explorar a cena de abertura da lição, interagindo com ela. Permite também que você entre em contato com as estruturas e as palavras que serão trabalhadas, além de desenvolver suas habilidades auditiva e oral.

¿CÓMO SE ESCRIBE?
Esta seção traz atividades que vão possibilitar a você trabalhar com a escrita de palavras e de expressões novas.

¡AHORA LO SÉ!
Esta seção propõe diversas atividades que vão ajudar você a sistematizar os conhecimentos adquiridos.

GLOSARIO
Traz as principais palavras em espanhol apresentadas ao longo do volume, seguidas da tradução para o português.

¡AHORA A PRACTICAR!

Esta seção propõe atividades para reforçar o que foi estudado na lição. Você vai colocar em prática o que aprendeu nas seções anteriores.

EL TEMA ES...

Esta seção traz uma seleção de temas para você refletir, discutir e aprender mais, podendo atuar no seu dia a dia com mais consciência!

¡EN ACCIÓN!

Esta seção propõe atividades procedimentais, experiências ou vivências para você aprender na prática o conteúdo estudado.

≥ Material complementar ≤

REPASO

Esta seção, localizada ao final do livro, traz atividades de revisão para cada uma das lições.

CUADERNO DE CREATIVIDAD Y ALEGRÍA

Contém atividades lúdicas extras e peças de recorte ou destaque para que você aprenda enquanto se diverte e **adesivos** que serão utilizados ao longo do livro.

LIBRO DE LECTURA

Apresenta um conto clássico reescrito em espanhol para que você seja inserido gradualmente no mundo maravilhoso da literatura!

≥ Estes ícones ajudarão você a entender ≤ o que fazer em cada atividade!

 Atividade em dupla
 Atividade em grupo
 Atividade oral
 Adesivos

 Desenhar
 Circular
 Colar
 Numerar

 Colorir
 Ligar os pontos
 Relacionar
 Áudio

SUMARIO

UNIDAD 1 — VACACIONES 8

≋ LECCIÓN 1 ≋
De viaje 10

- Verbo **viajar**: presente de indicativo
- Los saludos
- Los nombres, apellidos y sobrenombres
- Las nacionalidades
- Los medios de transporte

≋ LECCIÓN 2 ≋
En el hotel 20

- Verbo **conocer**: presente de indicativo
- Los puntos turísticos de España

¡En acción! Explorando ciudades hispanoamericanas 30

UNIDAD 2 — EN LA CIUDAD 32

≋ LECCIÓN 3 ≋
¿Qué hay en la ciudad? 34

- Verbo **ver**: presente de indicativo
- Los puntos turísticos de las ciudades

≋ LECCIÓN 4 ≋
En el restaurante 44

- Los adverbios de lugar
- Los platos típicos hispánicos

¡En acción! Recetas de Hispanoamérica 54

UNIDAD 3 — LAS PROFESIONES 56

LECCIÓN 5
¿En qué tú trabajas? 58

Verbo **trabajar**: presente de indicativo

Las profesiones

LECCIÓN 6
En mi casa hay... 68

El superlativo absoluto

Las partes de una vivienda

El tema es... Las profesiones y la tecnología 78

UNIDAD 4 — LA NATURALEZA 80

LECCIÓN 7
Animales del acuario 82

Los animales marinos

Los numerales ordinales

LECCIÓN 8
Paseo ecológico 92

Verbo **ir**: presente de indicativo

Las expresiones **muy**, **mucho(a)** y **muchos(as)**

La estructura **ir + a + verbo** en infinitivo

Los objetos que se utilizan en un campamento

El tema es... Turismo responsable 102

REPASO 1: De viaje 104

REPASO 2: En el hotel 106

REPASO 3: ¿Qué hay en la ciudad? 108

REPASO 4: En el restaurante 110

REPASO 5: ¿En qué tú trabajas? 112

REPASO 6: En mi casa hay... 114

REPASO 7: Animales del acuario 116

REPASO 8: Paseo ecológico 118

GLOSARIO 120

SUGERENCIAS PARA EL ALUMNO 127

BIBLIOGRAFÍA 128

riccardo livorni/Shutterstock

Siete 7

UNIDAD 1

VACACIONES

⋰ Entra en esta rueda ⋱

- ¿Qué hacen estas personas? ¿Adónde crees que ellas van a ir?
- ¿Qué sueles hacer en tus vacaciones?

⋰ En esta Unidad vamos a estudiar... ⋱

- Los verbos **conocer** y **viajar** en presente de indicativo.
- Nombres, apellidos y sobrenombres.
- Los medios de transporte.
- Los saludos.
- Las nacionalidades.
- Los puntos turísticos de España.

LECCIÓN 1 — DE VIAJE

¿Cómo se dice?

¡ESTOY MUY FELIZ! ¡VAMOS A VIAJAR A MADRID, LA CAPITAL DE ESPAÑA!

Para aprender un poco más...

Verbo viajar	
Yo	viajo
Tú/Vos	viajas/viajás
Él/Ella/Usted	viaja
Nosotros(as)	viajamos
Vosotros(as)	viajáis
Ellos/Ellas/Ustedes	viajan

Los saludos
¿Cómo estás?
¡Hola! ¿Qué tal?
¿Estás bien?
¿Cómo te va?

El día del viaje

el equipaje

¿CÓMO SE LLAMA EL AEROPUERTO DE MADRID, MAMÁ?

EL AEROPUERTO SE LLAMA ADOLFO SUÁREZ MADRID-BARAJAS.

¿DÓNDE ESTÁ NUESTRO EQUIPAJE, PAPÁ?

el pasaporte

NUESTRAS VALIJAS YA PASARON POR EL CONTROL DE EQUIPAJES Y ESTÁN EN LA BODEGA DEL AVIÓN. ¿ESTÁS ANSIOSO, NICOLÁS?

ESTOY FELIZ, PAPÁ. ¡VOY A VIAJAR EN AVIÓN POR PRIMERA VEZ! TODAVÍA TENGO MIEDO.

Y VOS, ¿ESTÁS NERVIOSA, MANUELA?

NO, MAMÁ, ¡ESTOY ESTUPENDA!

¡BUENOS DÍAS, SEÑOR GARCÍA! SU ASIENTO ES EL NÚMERO 5, A LA DERECHA DEL PASILLO. ¡TENGA USTED UN BUEN VIAJE!

la azafata

Cómo contestar

Estoy muy mal...	¡Estoy estupenda!	Estoy ansioso.	Estoy aburrida.

¿Cómo se escribe?

1 Completa con las formas correctas del verbo **viajar**.

a) Yo _____ en tren cuando voy a visitar a mis abuelos.

b) Las azafatas _____ toda la semana porque trabajan dentro del avión.

c) Nosotros _____ acompañados de nuestros padres.

d) Mi hermana Manuela _____ a la playa en las vacaciones de verano.

e) ¿Vos _____ todos los años?

2 Une cada foto con el respectivo nombre.

tren

pasaporte

bicicleta

coche

metro

autobús

3 Escribe las expresiones en las imágenes correspondientes. Después, dibújate en el último cuadro y escribe cómo te sientes.

> Estamos muy bien, gracias.
>
> ¡Estupendo!
>
> No, estoy un poco triste...

¿Qué tal, Juan? ¿Cómo te va?

¡Hola, María! ¿Estás bien?

¡Buenos días! ¿Cómo están?

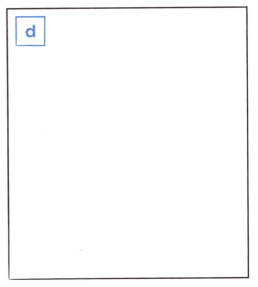

Y tú, ¿cómo estás?

¡Ahora lo sé!

1 Lee el texto.

Juan, Juanjuán y Juanjuanjuán

Un padre tenía tres hijos exactamente iguales. El primero se llamaba Juan; el segundo Juanjuán, y el tercero, Juanjuanjuán. Los tres hijos jugaban en el jardín, y el padre les llamaba cuando la comida estaba preparada. Cuando quería referirse a los tres hijos, gritaba: "Juanjuanjuanjuanjuanjuán".

Más tarde, inventó la abreviatura Juanjuanjuán; el nombre Juanjuanjuán tiene tres partes, y contenía los nombres de Juan y Juanjuán. Pero cuando el padre gritaba: "¡Juanjuanjuán!", refiriéndose solo a Juanjuanjuán, a veces iban los tres, y cuando se refería a los tres, a veces solo iba Juanjuanjuán. Pero el mayor lío se armaba cuando el padre tenía que llamar al primer hijo, a Juan, dos o tres veces porque no contestaba. En esos casos, a veces iba Juanjuán o Juanjuanjuán, según les convenía.

El padre comprendió que no había elegido bien los nombres de sus hijos. Tenía que poner otros nombres. Así que desde entonces llamó al primer hijo Juanrodolfo, al segundo, Juancarlos, y al tercero, Juanjacobo.

Cuando el mundo era joven, de Jürg Schubiger. Madrid: Grupo Anaya, 2015. p. 103-104.

- Ahora contesta: ¿Por qué el padre cambió el nombre de los hijos?

2 ¿Cómo te llamarías si hubieras nacido en España? Lee el texto y completa la tabla.

Las personas se identifican por nombre y apellido. En algunos países de habla hispánica, como España, se suele poner el apellido paterno en primer lugar y el materno en segundo. Ejemplo:

Nombre: Nicolás   **Apellido**: García Álvarez   **Apodo/sobrenombre**: Nico

Nombre(s)	Apellido paterno	Apellido materno	Apodo o sobrenombre

3 Pinta de rojo los países hispanohablantes de América del Sur.

Atlas geográfico escolar. Rio de Janeiro: IBGE, 2012. p. 41.

¡Ahora a practicar!

1 Lee la historieta y señala la opción correcta.

Gaturro, de Nik. Disponible en: <www.pinterest.com/pin/385268943092404672/>. Acceso el: 12 mar. 2020.

a) Quien nace en Alemania es:

☐ austríaco. ☐ alemán. ☐ suizo.

b) Quien nace en Rusia es:

☐ ruso. ☐ portugués. ☐ italiano.

c) Quien nace en México es:

☐ español. ☐ americano. ☐ mexicano.

2 Observen las fotos y contesten.

a) ¿De qué nacionalidad es Shakira?

....

b) ¿De qué nacionalidad es Lionel Messi?

....

c) ¿Qué documento es necesario para viajar a otro país?

....

d) ¿De qué nacionalidad eres?

....

3 Completa la letra de la canción con las palabras del recuadro.

| equipaje | viaje | colectivo |

La pulga aventurera

Una pulga aventurera
Decidió salir de

....

Preparó su ....
Y a la puerta se asomó.

Vino un perro muy lanudo
Caminando muy tranquilo
"¡Uy! ¡Ahí viene el

..................................!"

Dijo la pulga y saltó.

Y así-sí-sí
Viajó-jó-jó
En la oreja de un perro lanudo
La pulga-ga viajera-ra,
Quién sabe hasta donde llegó.

(Se repite todo de nuevo)

La pulga aventurera, de Karina Antonelli.
Disponible en: <www.musica.com/letras.asp?letra=1736954>. Acceso el: 12 mar. 2020.

4 Vamos a leer.

El Planeta de los Nels

En un lejano planeta llamado Nel, todos sus habitantes se llamaban Nel, y no había forma de diferenciar unos de otros por el nombre y esto hacía que se presentaran muchísimos problemas.

Imaginaos que cada vez que los niños y niñas iban a la escuela y pasaban lista, no sabían quién había asistido y quién había faltado a clase y peor aún quién tenía buenas o malas notas.

Cuando hacían un concurso cualquiera y seleccionaban al ganador, ganadora o ganadores, al oír el nombre Nel, todos se creían que habían sido los elegidos.

Cuando andaban por la calle y alguien gritaba ¡Nel!, todos se daban la vuelta pensando que los llamaban a ellos, aunque a veces hasta podían estar llamando a sus mascotas, a las que también llamaban así.

Todos estos y muchos más problemas siguieron pasando.

Hasta que un día muy singular, una pareja de Nels decidió cambiar un poco esta tradición y se les ocurrió llamar a su hijo Nil.

En el planeta se armó un revuelo terrible. Un habitante con otro nombre, ¡vaya polémica!. Nunca en toda la historia de Nel había pasado algo parecido...

Al principio les costó aceptar la idea, pero con el tiempo se acostumbraron a Nil e incluso aparecieron otros Nils más, hasta que de repente nació un Nal y un Nol, y poco a poco sin que se dieran cuenta ya había Lens, Elns y hasta un Paquito nació por allí.

El Planeta de los Nels. **Rayuela.org**. Disponible en: <http://rayuela.org/derechos/nombre-y-nacionalidad/cuento/>. Acceso el: 12 mar. 2020.

¿Lo sabías?

La Declaración sobre los Derechos del Niño, elaborada por la Organización de las Naciones Unidas (ONU), determina que:

Desde su nacimiento, el niño tiene derecho a tener un nombre y un apellido. El derecho de los niños a tener nombre y nacionalidad comprende que todo niño debe ser registrado inmediatamente después de su nacimiento, ya que los padres tienen la obligación de informar el nombre, el apellido y la fecha de nacimiento del recién nacido.

Disponible en: <https://www.guiainfantil.com/articulos/educacion/derechos-del-nino/el-derecho-de-los-ninos-a-tener-nombre-y-nacionalidad/>. Acceso el: 12 mar. 2020.

5 Ahora contesta a las preguntas.

a) ¿Qué problema tenían los habitantes del planeta Nel?

....

....

b) ¿Qué pasó de diferente en un día en este planeta?

....

....

c) ¿Cómo reaccionaron los habitantes al principio? ¿Y qué pasó después?

....

....

6 Escribe si las afirmaciones son verdaderas (**V**) o falsas (**F**).

a) ☐ El único lugar en que los niños y niñas tenían nombres distintos era en la escuela, por eso sabían quién había asistido y quien había faltado.

b) ☐ En los concursos, nunca nadie sabía quién era el ganador.

c) ☐ En el planeta Nel, incluso las mascotas se llamaban Nel.

d) ☐ Ya habían intentado poner otros nombres en los habitantes del planeta, pero jamás alguien lo logró.

7 Responde oralmente con tus compañeros.

a) ¿Por qué crees que las personas tienen que tener nombre y apellido?

b) ¿Qué otros tipos de problemas crees que podría generar una sociedad en la que los habitantes tienen el mismo nombre?

c) Además de tener una identidad, ¿qué otros derechos crees que deben tener los niños?

LECCIÓN 2 — EN EL HOTEL

¿Cómo se dice?

- el ascensor
- el maletero
- la recepcionista

— MANU, ¡MIRA COMO ES LINDO ESTE HOTEL!
— SÍ, NICO. ME ENCANTÓ.

Para aprender un poco más...

Verbo **conocer**	
Yo	conozco
Tú/Vos	conoces/conocés
Él/Ella/Usted	conoce
Nosotros(as)	conocemos
Vosotros(as)	conocéis
Ellos/Ellas/Ustedes	conocen

¿Cómo se escribe?

1 Pega en la imagen adhesivos que están en el **Cuaderno de creatividad y alegría**. Después, completa las frases.

a) El .... está fuera de la habitación.

b) .... y Manuela ven la televisión.

c) El ascensorista está en el ....

d) La .... está cerca de la ventana.

2 Completa con el verbo **conocer**.

a) Yo .... el Museo del Prado.

b) Nosotros .... el hotel La Gran Vía.

c) Nicolás y Manuela .... la Plaza de España.

d) Y vos, ¿qué .... en la ciudad donde vives?

3 Contesta a las preguntas sobre el diálogo que leíste en la apertura de la lección.

a) ¿Quién recibe a la familia García en el hotel?

....

b) ¿En qué piso es la habitación?

....

c) ¿Dónde está ubicado el hotel?

....

d) ¿Quién ayuda a la familia con el equipaje: la recepcionista o el maletero?

....

e) ¿Cuándo la familia García va a conocer el Museo del Prado?

☐ Hoy.   ☐ Ayer.   ☐ Mañana.

● Museo Nacional del Prado, en Madrid, España, en 2018.

4 Escribe **V** (verdadero) o **F** (falso).

a) ☐ En el hotel hay un comedor.

b) ☐ La familia va a comer en la habitación.

¡Ahora lo sé!

1 Lee las frases y escríbelas al lado de las figuras correctas.

a) La recepcionista está en el ascensor.

b) La habitación tiene vista hacia la plaza.

c) El maletero ayuda a los huéspedes del hotel.

2 Relaciona las columnas y escribe las frases.

a) El hotel tiene   ☐ está de vacaciones en Madrid.

b) La recepcionista   ☐ limpia.

c) La habitación está   ☐ 50 habitaciones.

d) La familia García   ☐ ayuda a los huéspedes.

a) ....
b) ....
c) ....
d) ....

3 Completa el texto con las palabras del recuadro.

| Museo | conocer | niños | actividad | agosto |

El Prado en verano. Colección de colecciones

Este verano, el Área de Educación del Museo del Prado propone dedicar sus actividades para niños a conocer las colecciones que han formado la Colección del Museo.

Durante los meses de junio, julio y ....

tendrá lugar El Prado en verano, que este año lleva por título Colección de colecciones.

Durante una semana los más pequeños podrán ....

cómo nació y se formó el ...., mientras disfrutan de una manera divertida de las colecciones.

.... dirigida a ....
entre 6 y 13 años, organizados en dos grupos de edad, de 6 a 9 y de 10 a 13 años.

Disponible en: <www.mcu.es/cultura20/web/guest/agenda/cultural/mcu/listado>.
Acceso el: 12 mar. 2020.

¡Ahora a practicar!

1 Escucha y señala las fotos correctas.

a

b

c

2 Descubre y completa las frases.

a) Con él subo hasta el piso 20. Es el _____.

b) Es simpática y recibe a las personas en el hotel.

   Es la _____.

c) Él ayuda con el equipaje. Es el _____.

3 Completa la tabla con puntos turísticos de tu país.

Puntos turísticos	España	Brasil
Una plaza	Plaza de España	
Un museo	Museo del Prado	
Un restaurante	Restaurante La Dorada	
Una playa	Playa de la Victoria	
Un parque	La Pedriza	

4 Completa el poema con las palabras del recuadro.

equipaje   hotel   maletero   huéspedes   habitación   recepcionista

El hotel

Fui a un _____ muy agradable rodeado de árboles y muchas flores.

En la _____, amplia y confortable, los _____ se sentían protegidos y tranquilos.

Todo era fascinante y las personas muy simpáticas.

La _____, una señora muy lista, nos contaba una historia a cada día.

El _____, un chico muy musculoso, cargaba el _____ sin ningún esfuerzo.

Mariangela Secco

5 Lee la tapa y contratapa de una guía turística para niños de la ciudad de Barcelona, en España.

contratapa

Barcelona: descubre la ciudad con la guía turística infantil se propone como un manual básico de la ciudad de Barcelona. Está destinado a niños **entre 8 y 12 años** de edad, ¡y para sus papás y mamás!

La guía abarca los puntos más destacados de la ciudad: la Sagrada Familia, el barrio Gótico, el Paseo de Gracia... Al principio encontrará también una introducción sobre la historia de la ciudad, sus playas, sus parques y jardines, la comida catalana o los Juegos Olímpicos del '92. Al final de la guía hemos añadido los enclaves más interesantes de Cataluña para disfrutar en familia.

Todos los apartados de la guía están dirigidos a los niños, y disponen de **actividades y juegos** para que disfruten y aprendan durante su visita (laberintos, diferencias, actividades para colorear, etc.).

Esta guía es un **complemento ideal para las guías de los adultos**, ameno, sencillo y atractivo para el turismo infantil.

tapa

Barcelona: Descubre la ciudad con la guía turística infantil. Barcelona: Ediciones DeFabula.

6 Ahora, contesta a las preguntas sobre la guía.

a) ¿A quién está destinada la guía de Barcelona?

....

b) ¿Qué contiene la guía turística?

....

....

....

c) La guía turística contiene algo especial para niños. ¿Qué es?

....

7 Relaciona las frases con las imágenes de la ciudad de Barcelona.

Las playas de Barcelona son de arena fina, muy anchas y poco profundas.

La Sagrada Familia es una gigante basílica diseñada por el arquitecto Antoni Gaudí.

El Parque Güell es un parque de gran belleza artística y arquitectónica.

8 Responde oralmente con tus compañeros: ¿Qué lugares de tu ciudad indicarías en una guía turística infantil? ¿Por qué?

¡EN ACCIÓN!

Explorando ciudades hispanoamericanas

En esta Unidad aprendimos sobre muchos lugares que podemos conocer en un viaje. Ahora, ¿qué tal hacer una guía turística de una ciudad de Hispanoamérica?

Lee la página de una guía turística de Bogotá (Colombia) y habla con tus compañeros.

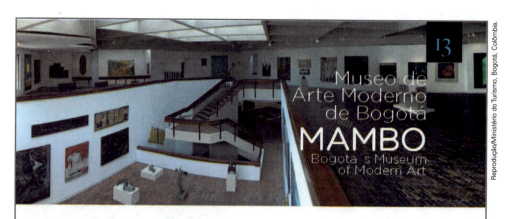

El MAMBO es un importante espacio de divulgación cultural en Bogotá que se articula con buena parte de la oferta cultural de la ciudad. Posee una completa colección de arte contemporáneo y piezas de maestros colombianos y latinoamericanos. Expone obras de reconocidos artistas internacionales como Auguste Rodin, Alexander Calder, Bernard Venet, David Rivera, y Pablo Picasso, entre otros, y obras de artistas nacionales como Andrés de Santamaría, Marco Tobón, Carlos Salas y Nadín Ospina.

The MAMBO Museum is an important space of cultural dissemination in Bogotá, which articulates with a big part of the cultural demand of the city. It has a complete collection of contemporary art and works of Colombian and Latin American masters. It exhibits artworks of recognized international artists such as Auguste Rodin, Alexander Calder, Bernard Venet, David Rivera and Pablo Picasso, among others, and national artists such as Andrés de Santamaría, Marco Tobón, Carlos Salas and Nadín Ospina.

Dirección / Address	Calle 24 # 6-00
Página web / Web Page	www.mambogota.com
Horario / Visiting Hours	Mar a Vier de 10:00 a.m. a 5:00 p.m. Dom de 12:00 m. a 5:00 p.m.
Servicios / Services	Tienda de souvenirs, salas temporales, capacitaciones, audio guías, auditorio, parqueadero, material promocional, baños, recorridos interpretativos.

Bogotá: guía de turismo cultural, del Instituto Distrital de Turismo – IDT de la Alcaldía Mayor de Bogotá. 2016.

Para hacer la actividad, sigue las etapas a continuación.

1. Reúnete con un grupo y, siguiendo las orientaciones del profesor, elijan una ciudad de Hispanoamérica para ser tema de la guía turística.

2. Definan los puntos turísticos que deben hacer parte de la guía y las informaciones que se debe tener de cada uno (localización, horario de funcionamiento, qué tiene de interesante, etc.).

3. Dividan los puntos turísticos entre los integrantes del grupo. Cada uno puede quedarse con un punto turístico o pueden trabajar en parejas, por ejemplo.

4. Investiguen y anoten las informaciones sobre los puntos turísticos. Busquen también fotos para representarlos.

6. Elaboren la primera versión del texto.

7. Lean el texto de nuevo y hagan las correcciones necesarias.

8. Preparen la versión final del texto: escríbanlo en una hoja y peguen la foto. Otra posibilidad es hacer una versión digital.

9. Entre todo el grupo, definan como va a ser la tapa de la guía y reúnan todos los textos a ella en formato de revista.

10. Presenten la guía finalizada para toda la clase, explicando cada una de las atracciones. Después, guarden la guía en la biblioteca de la escuela o en un lugar especial de la clase.

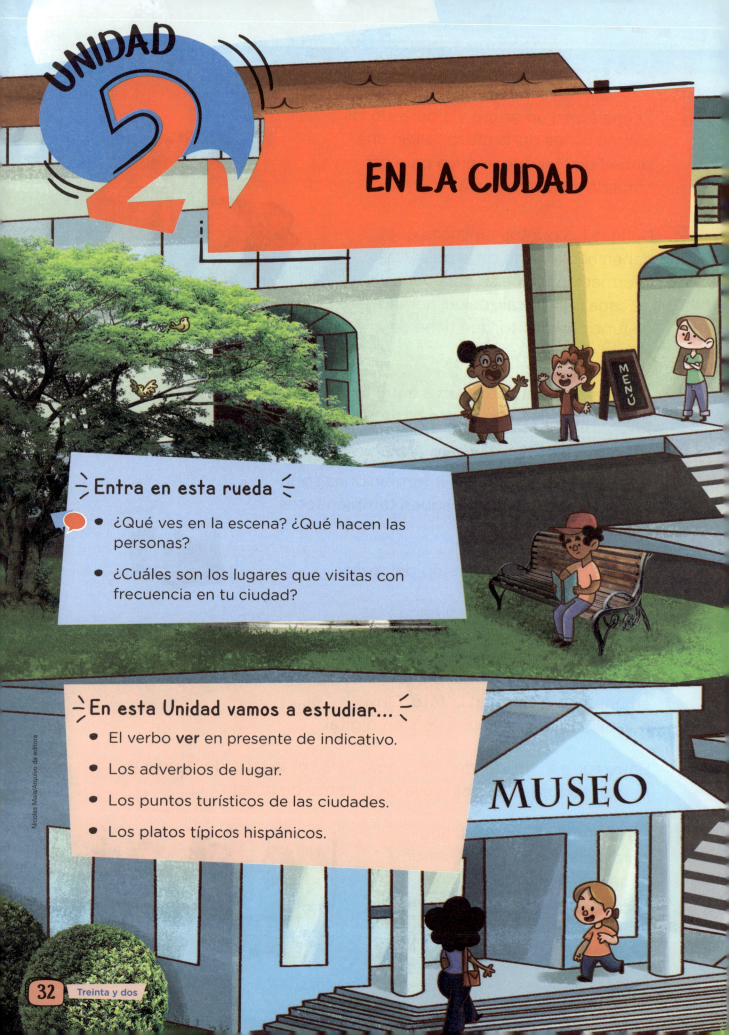

UNIDAD 2

EN LA CIUDAD

Entra en esta rueda

- ¿Qué ves en la escena? ¿Qué hacen las personas?
- ¿Cuáles son los lugares que visitas con frecuencia en tu ciudad?

En esta Unidad vamos a estudiar...

- El verbo **ver** en presente de indicativo.
- Los adverbios de lugar.
- Los puntos turísticos de las ciudades.
- Los platos típicos hispánicos.

LECCIÓN 3

¿QUÉ HAY EN LA CIUDAD?

¿Cómo se dice?

¿ADÓNDE VAMOS, PAPÁ?

¡MADRID TIENE MUCHOS LUGARES INTERESANTES! PODEMOS EMPEZAR POR LA PUERTA DE ALCALÁ.

¡QUÉ LINDO ESTE LUGAR! ¿DÓNDE ES, PAPÁ?

LA PUERTA DE ALCALÁ ES UN MONUMENTO MARAVILLOSO QUE ESTÁ EN LA PLAZA DE LA INDEPENDENCIA.

¿SABE SI LA PLAZA DE LA INDEPENDENCIA ESTÁ LEJOS DEL HOTEL?

NO, SEÑOR GARCÍA. ESTÁ A DOS CUADRAS DE AQUÍ. PUEDEN IR A PIE. CERCA DE ELLA ESTÁN EL PARQUE DEL RETIRO Y EL MUSEO DEL PRADO.

Para aprender un poco más...

Verbo ver	
Yo	veo
Tú/Vos	ves
Él/Ella/Usted	ve
Nosotros(as)	vemos
Vosotros(as)	veis
Ellos/Ellas/Ustedes	ven

El uso del verbo ver

Veo desde lejos el Museo del Prado.

Desde la Puerta de Alcalá **vemos** el Parque del Retiro.

Ellos **ven** toda la ciudad de Madrid encima de un autobús.

¿**Ves** qué linda es la ciudad de Madrid?

¿Cómo se escribe?

1 Contesta a las preguntas.

a) ¿Adónde va la familia?

....

b) ¿El monumento la Puerta de Alcalá está lejos del hotel?

....

c) ¿Qué otros lugares turísticos están cerca del monumento?

....

2 ¿Qué podemos ver en la ciudad? Observa las imágenes y escribe.

3 Lee lo que dice Juan y observa las figuras.

- Observa también el mapa del barrio de Juan.

- Ahora, completa las frases con **cerca** o **lejos**.

a) La casa de Juan está _____ de la escuela.

b) El cine está _____ de la casa de Juan.

c) La plaza está _____ de la iglesia.

d) El río está _____ de la plaza.

¡Ahora lo sé!

1 Completa las frases con el verbo **ver**.

a) Yo .... la plaza.

b) Tú .... el museo.

c) Nosotros .... la iglesia.

2 Encuentra las palabras en la sopa de letras.

1. aeropuerto
2. hospital
3. cine
4. hotel
5. plaza
6. iglesia
7. club

U	A	H	V	W	I	H	O	T	E	L	Y
C	P	O	B	O	P	R	T	E	Ñ	O	E
I	Z	S	I	P	L	A	Z	A	F	G	V
N	Ñ	P	O	O	U	L	E	S	W	R	A
E	M	I	T	W	E	Ñ	C	L	U	B	Ñ
N	K	T	S	Z	P	K	U	J	H	L	N
H	I	A	E	R	O	P	U	E	R	T	O
Y	R	L	Z	H	I	G	L	E	S	I	A

38 Treinta y ocho

3 A Rita le gustaría conocer algunos puntos turísticos de Honduras, un país de Centroamérica. Para ayudarla, sigue las orientaciones y pega los adhesivos que están en el **Cuaderno de creatividad y alegría**.

a) Pega el adhesivo del museo en la calle Las Damas, al lado del Parque Valle.

b) Pega el adhesivo de la biblioteca en la calle Salvador Corleto.

c) Pega el adhesivo del restaurante en la calle Matute, entre la avenida Paz Barahona y la avenida Miguel de Cervantes.

• Ahora contesta a las preguntas.

a) ¿Dónde está la Catedral de Tegucigalpa?

....

b) ¿Dónde está ubicado el Parque Valle?

....

c) ¿Dónde está la Biblioteca Nacional?

....

¡Ahora a practicar!

1 ¿Adónde va la familia García? Escucha y ordena la secuencia del paseo por la ciudad de Madrid.

☐ La Gran Vía.

☐ El Museo del Prado.

☐ La Puerta de Alcalá.

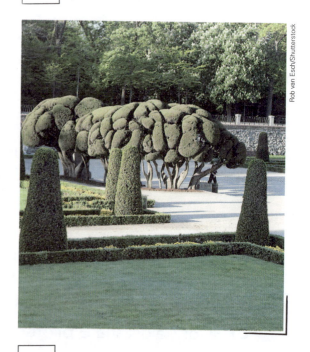

☐ El Parque del Retiro.

2 Relaciona las frases con las imágenes.

Veo la fuente en una plaza de Valencia.

Vemos el Teatro Colón, en Buenos Aires.

¿Veis las luces de la iglesia?

Ella ve la ciudad de Bogotá desde arriba.

¿Lo sabías?

La Plaza de la Constitución (o El Zócalo), en Ciudad de México, es una de las plazas más grandes del mundo y la principal plaza de la ciudad.

Mide 195 metros de largo por 240 de ancho y posee un área total de 46.800 metros cuadrados.

Esta plaza siempre ha sido escenario de importantes hechos históricos en México. En 1844 se construyó en el centro de la plaza un zócalo o base para colocar un monumento en honor a la independencia de México.

Disponible en: <https://viajar.elperiodico.com/viajeros/las-5-plazas-mas-grandes-del-mundo?foto=7#galeria-12575-1017943>. Acceso el: 1 nov. 2019.

3 Observa la pintura y lee el texto.

🔴 **Niño con paloma** (1901), de Pablo Picasso. Óleo sobre lienzo, 73 cm × 54 cm. National Gallery, Londres (Reino Unido).

Pequeña biografía de Pablo Picasso

Soy Pablo Ruiz Picasso, el gran pintor del siglo XX. Posiblemente algunos me conoceréis por mi jersey de rayas azules y mi cabeza más bien calva. Pero pinté miles de cuadros que hoy en día se pueden encontrar en todo el mundo.

¿Queréis saber cómo llegué a ser un gran pintor? Leed con atención.

Nací en Málaga el 25 de octubre de 1881. Mi familia no tenía demasiado dinero, pero a pesar de eso tuve una infancia muy feliz, rodeado siempre de tías y primas que cuidaban de mí y de mi hermana Lola, tres años menor que yo.

Crecí rodeado de pinceles y pinturas, ya que mi padre, José Ruiz Blasco, era pintor y profesor de dibujo. Mi madre, María Picasso López, era alegre y optimista y siempre tuvo una gran confianza en mis aptitudes. […]

Como a todos los niños, me gustaba jugar, pero lo que más me divertía era dibujar y pintar. Ya de muy pequeño demostré una gran capacidad de observación. Un día tomé las tijeras de bordar de mi madre y recorté la silueta de una paloma. Lo hice tan bien que todos se quedaron boquiabiertos con aquella figura. […]

Descubriendo el mágico mundo de Picasso, de Maria J. Jordà. México D. F.: Océano Travesía, 2012. p. 2.

4 Contesta a las preguntas según el texto.

a) ¿Dónde nació Pablo Picasso?

....

b) ¿Por qué Picasso creció rodeado de tintas y pinturas?

....

c) ¿Qué le gustaba a Picasso de niño?

....

....

d) ¿Cómo demostró su habilidad artística? ¿De qué modo reaccionaron los adultos?

....

....

5 Escribe si las afirmaciones son verdaderas (**V**) o falsas (**F**) según el texto.

a) ☐   Pablo Picasso nació en España, en 1881.

b) ☐   Físicamente, algunas personas lo reconocen por su pelo largo y un jersey de rayas azules.

c) ☐   Picasso es uno de los grandes pintores del siglo XX.

d) ☐   Su familia no tenía mucho dinero, pero a pesar de eso tuvo una infancia feliz, rodeado de familiares.

6 Responde a las preguntas con tus compañeros.

a) ¿Conoces la historia de otro(a) pintor(a)? Cuéntala a tus compañeros.

b) ¿Hay alguna actividad artística que te guste hacer? ¿Cuál?

LECCIÓN 4
EN EL RESTAURANTE

¿Cómo se dice?

¿QUÉ TAL SI SALIMOS PARA CENAR EN UN RESTAURANTE DE COMIDA TÍPICA ESPAÑOLA?

¡ESTUPENDO! HAY UN RESTAURANTE CERCA DE LA PLAZA.

¡BUENAS NOCHES! BIENVENIDOS AL RESTAURANTE DON RAMÓN.

¡MUCHAS GRACIAS! SOMOS ARGENTINOS Y QUEREMOS SABOREAR UNA COMIDA TÍPICA. ¿QUÉ NOS SUGIERE USTED?

Para aprender un poco más...

Adverbios de lugar

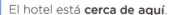

El hotel está **cerca de aquí**.

El autobús está **delante** del cine.

Manuela está **detrás** de su padre.

Adverbios de lugar

El gato está **debajo** de la mesa.

El libro está **encima** de la mesa.

El bolígrafo está **dentro** de la cartera.

¿Cómo se escribe?

1 Observa las figuras y completa las frases con los adverbios adecuados.

a)

EL HOTEL ESTÁ .... DEL AEROPUERTO.

b)

.... DEL RESTAURANTE HAY UNA FUENTE.

c)

DESPUÉS DE CENAR, PODEMOS IR A BAILAR EN EL LUGAR QUE ESTÁ ....

d)

¡CUIDADO! HAY UN PERRO .... DEL COCHE.

2 Escribe cada nombre del recuadro en el grupo correcto.

zumo de limón	ensalada de legumbres	budín
refresco	helado de vainilla	tortilla
paella	ensalada de frutas	agua mineral

Comida	Bebida	Postre

3 Ordena los dibujos con las letras y completa los globos con las frases.

a) ¡Buenas noches! Bienvenidos al restaurante Don Ramón.

b) Por favor, tráiganos arroz con pollo. Y para beber, una gaseosa.

c) ¡Buen apetito!

d) Camarero, por favor, tráiganos la cuenta.

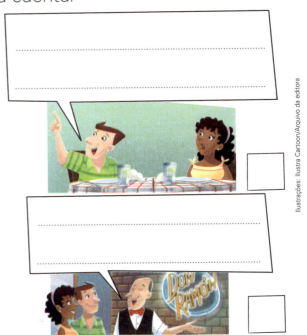

4 Pon las palabras en el orden correcto.

a) amigos / restaurante / me / indicaron / Unos / este

b) está / Hoy / una / muy / agradable / noche

c) probar / de / Quiero / fresa / con / helado / plátano

d) comida / La / del / restaurante / Ramón / es / Don / buena

¡Ahora lo sé!

1 Une cada descripción con la imagen correspondiente.

tortilla

El lugar donde las personas cenan.

Los ingredientes son: patatas, cebolla, huevos frescos y aceite de oliva.

ensalada de legumbres

gazpacho

Es un plato con zanahorias, lechuga y otras legumbres y verduras.

Famoso plato español con arroz, pescado, mariscos, legumbres, etc.

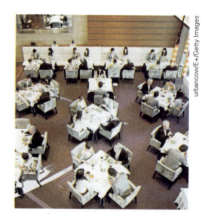
restaurante

paella

Él sirve la comida.

Plato típico de la cocina española. Esa sopa fría es muy sana para el verano.

camarero

2. Escriban los ingredientes de los platos del siguiente menú.

Entrada

Ensalada de verduras

Ingredientes:
....
....
....
....
....

Plato principal

Tortilla de patatas

Ingredientes:
....
....
....
....
....

Postre

Tarta de chocolate

Ingredientes:
....
....
....
....
....

¡Ahora a practicar!

1 Escucha y escribe **V** (verdadero) o **F** (falso).

a) ☐ Miguel y Mercedes fueron a cenar en un restaurante.

b) ☐ Ellos toman zumo de naranja y agua mineral.

c) ☐ Mercedes quiere ensalada de legumbres.

d) ☐ En el restaurante hay paella, tortilla y mojete manchego.

e) ☐ Mercedes y Miguel quieren probar los postres.

f) ☐ Paella es una comida típica española.

g) ☐ Después de cenar, ellos quieren dar un paseo por la ciudad.

2 Relaciona las columnas.

a) Este restaurante ☐ una comida típica española.

b) Vamos a comer ☐ cerca de la plaza.

c) Les recomiendo ☐ paella, tortilla de patatas y gazpacho.

d) El restaurante está ☐ una paella.

e) La tortilla es ☐ sirve comida española.

- Ahora, escribe las frases completas.

a) ....

b) ....

c) ....

d) ....

e) ....

3 Observa las imágenes y completa las frases con los adverbios que están en el recuadro.

> detrás   debajo   delante   encima   dentro

El postre está .... de la mesa.

El coche está .... de la farmacia.

El gato está .... de la puerta.

Los juguetes están .... de la caja.

El perro está .... de la cama.

Ella está .... de la mesa.

4 Lee el texto y observa el mapa.

El origen del gazpacho andaluz

En España no necesita ninguna presentación a esta receta, pero como sois muchos los que nos seguís desde otros países, os vamos a explicar brevemente **qué es el gazpacho**. El **gazpacho** es una sopa fría con ingredientes como el aceite de oliva, vinagre, pan y hortalizas crudas: generalmente tomates, pepinos, pimientos, cebollas y ajo.

Siendo una receta tradicional, hay muchas variantes. Por ejemplo, la cebolla es un ingrediente que no todos ponen, lo mismo que el pan. Suele servirse fresco en los meses calurosos de verano.

● El gazpacho andaluz.

El origen del actual **gazpacho** es incierto, aunque tradicionalmente se le ha considerado un plato del interior de Andalucía, donde el aceite de oliva y los productos de la huerta son abundantes, y los veranos muy secos y calurosos. Por esta razón se le conoce comúnmente como **gazpacho andaluz**. Aunque su evolución a lo largo del tiempo ha ido dejando variantes en diferentes zonas de España, como así también en Portugal.

El gazpacho andaluz perfecto. **PequeRecetas**. Disponible en: <https://pequerecetas.com/receta/gazpacho-andaluz/#Receta_de_gazpacho_andaluz>. Acceso el: 2 nov. 2019.

● Mapa de España con destaque para la comunidad autónoma de Andalucía.

5 Ahora contesta a las preguntas según el texto.

a) ¿Cuál es el objetivo del texto? ¿A quién crees que está destinado?

....

....

b) ¿Qué es el gazpacho y qué contiene?

....

....

....

c) ¿Cuál es el origen del gazpacho?

....

....

d) ¿Actualmente dónde se suele tomar el gazpacho?

....

6 Señala los ingredientes que son opcionales en la receta del gazpacho andaluz.

- [ ] aceite de oliva
- [ ] tomates
- [ ] pepinos
- [ ] pan
- [ ] cebolla
- [ ] vinagre

7 Responde a las preguntas con tus compañeros.

a) ¿Conoces algún plato semejante al gazpacho andaluz? ¿Cuál?

b) ¿Qué comida típica hay en tu región? ¿Sabrías decir cómo se prepara o qué ingredientes tiene?

c) ¿Cuál comida típica crees que es la máxima representante de nuestro país?

¡EN ACCIÓN!

Recetas de Hispanoamérica

En esta Unidad conocimos algunos platos típicos de España y sus ingredientes. Ahora, ¿qué tal conocer los platos típicos de algunos países hispanoamericanos y hacer un libro de recetas con ellos?

Observa las imágenes y habla con tus compañeros: ¿Ustedes conocen los platos en las fotos?

Ajiaco (Colombia).

Arepa (Venezuela).

Taco (México).

Pastafrola (Uruguay).

Empanada (Chile).

Silpancho (Bolivia).

Mazamorra morada (Perú).

Sopa paraguaya (Paraguay).

Rellenito (Guatemala).

Para hacer la actividad, sigue las etapas.

1. Reúnete con un compañero y, siguiendo las orientaciones del profesor, elijan un plato típico de un país hispanoamericano.

2. Investiguen algunas características del plato típico elegido:
   - ¿Es dulce o salado?
   - ¿Cuáles son los ingredientes?
   - ¿Cómo es preparado?

3. Elaboren un pequeño texto presentando el plato elegido y escriban su receta.

4. Elijan una foto del plato para acompañar la receta.

5. Lean los textos de nuevo y hagan las correcciones necesarias.

6. Preparen la versión final de los textos: escríbanlos en una hoja y peguen la foto. Otra posibilidad es hacer una versión digital.

7. Con toda la clase, definan el título del libro de recetas y hagan la tapa. Después, junten todas las recetas a la tapa.

8. Organicen una presentación del libro de recetas. Cada pareja deberá presentar el plato típico que investigó.

9. Guarden el libro en la biblioteca de la escuela o en un lugar especial de la clase. Si hay una versión digital, es posible subirla a un *blog* o enviarla a amigos y familiares.

UNIDAD 3

LAS PROFESIONES

Entra en esta rueda
- ¿Conoces las profesiones que aparecen en esta escena? ¿Cuáles son?
- De estas profesiones, ¿cuál te gusta más?
- ¿Te gustaría dedicarte a alguna? ¿A cuál?

En esta Unidad vamos a estudiar...
- El verbo **trabajar** en presente de indicativo.
- Las profesiones.
- El superlativo absoluto.
- Las partes de una vivienda.

LECCIÓN 5

¿EN QUÉ TÚ TRABAJAS?

¿Cómo se dice?

VETERINARIO　DIBUJANTE
POLICÍA　PUBLICISTA
BASURERO　ANALISTA INFORMÁTICO
COCINERO　ALBAÑIL
PELUQUERO

HOY VAMOS A HABLAR DE ALGUNAS PROFESIONES. ESTE ES MIGUEL, EL PADRE DE NICOLÁS Y MANUELA. ES ABOGADO Y NOS HABLARÁ ACERCA DE SU PROFESIÓN.

EL **ABOGADO** ESCRIBE TODO TIPO DE DOCUMENTOS LEGALES, COMO CONTRATOS Y TESTAMENTOS, DE ACUERDO CON LA LEY.

¡HOLA! SOY ESTELA Y SOY **FISIOTERAPEUTA**. TRABAJO EN EL HOSPITAL. AYUDO A REHABILITAR LOS MOVIMIENTOS DE LAS PERSONAS QUE SUFREN DE LESIONES.

Para aprender un poco más...

Verbo trabajar	
Yo	trabajo
Tú/Vos	trabajas/trabajás
Él/Ella/Usted	trabaja
Nosotros(as)	trabajamos
Vosotros(as)	trabajáis
Ellos/Ellas/Ustedes	trabajan

Miguel **trabaja** en una oficina de abogados.

Estela **trabaja** en un hospital.

José y Sofía **trabajan** desde sus casas.

¿Cómo se escribe?

1 Observa las fotos y utiliza las palabras del recuadro para identificar las profesiones. Sigue el ejemplo.

| albañil | vendedor | peluquero | dibujante | piloto |
| basurero | fisioterapeuta | analista informática | ~~abogada~~ |

abogada

2 Completa las frases con el verbo **trabajar**.

a) El cocinero .... en restaurantes y hoteles.

b) Los psicólogos .... ayudando a niños y adultos.

c) El dibujante .... en un periódico creando cómics.

d) Yo .... todos los días.

e) Nosotros .... en la escuela.

f) ¿Vos .... por la noche?

3 Formen frases según el ejemplo. Utilicen una palabra de cada columna a continuación.

El	escritores	prepara	a los animales.
La	piloto	ayuda	el avión.
Los	veterinaria	escriben	libros, poesías, cuentos, etc.
La	cocinero	conduce	sabrosos platos.
El	psicóloga	cuida	a las personas.

a) El piloto conduce el avión.

b) ....

c) ....

d) ....

e) ....

¡Ahora lo sé!

1 ¿Quién trabaja en estos lugares? Pega los adhesivos que están en el **Cuaderno de creatividad y alegría** y escribe la profesión.

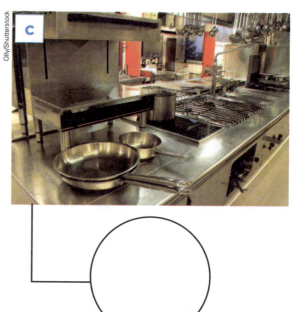

2 Escucha y descubre cuáles son las profesiones de estas personas.

 a

Él es ....

 b

Ella es ....

 c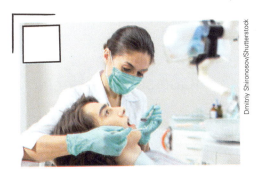

Ella es ....

 d

Él es ....

¡Ahora a practicar!

1 Escribe las palabras en los espacios adecuados para completar la historia.

> veterinaria   animalitos   profesiones
> perrito   grande   cocinera   arquitecta   cuidar
> maestra   descubrió   caminando   casa

María no sabía qué le gustaría ser cuando fuera .... Eran tantas opciones, tantas ....

Ya había hablado con su mamá, su papá, su abuelito, pero ella tenía muchas dudas:

—...................., actriz, ..., ... ¡Qué sé yo! —decía.

María quería estar segura, y un día, ... desde la escuela hacia su casa, escuchó unos ladridos muy tristes.

Era un .... abandonado, sin ...., sin dueño. El perro necesitaba cariño y atención.

Así María ....
en fin su vocación: cuando crezca va a
.... a los ....

¡Será ....!

2 ¿Qué quieres ser de grande? Enumera tres profesiones que te gustaría tener cuando seas mayor y dibuja una de ellas.

....

....

¿Lo sabías?

En ciudades grandes de Argentina, como la capital Buenos Aires, es muy común el trabajo del **paseador de perros**. Se trata de una persona que pasa a recoger perros en sus domicilios para llevarlos a pasear. Los perros son llevados atados por esta persona y caminan todos juntos por las calles y plazas de la ciudad.

¿Ya viste algún trabajador como este en tu ciudad?

3 Vamos a leer.

El trabajo

La gente trabaja para ganar dinero con el que pagar alimentos, vivienda y ropa. La mayoría de la gente trabaja durante el día, aunque muchos otros profesionales, como el personal sanitario y los policías, trabajan también de noche.

En la oficina

Hoy en día, en las oficinas se hacen muchísimos trabajos. Los empleados se sientan ante su mesa con el ordenador y el teléfono. Los ordenadores se usan para casi todo, desde escribir cartas y correos electrónicos hasta tareas mucho más complicadas.

Oficios especializados

Mucha gente trabaja con sus manos para fabricar o reparar cosas. Los carpinteros trabajan con madera; los fontaneros, con tuberías; y los albañiles, con ladrillos y cemento.

¡Emergencia!

Los policías, los bomberos y los encargados de las ambulancias son parte de los servicios de emergencias. Su trabajo salva vidas, por eso han de estar disponibles día y noche.

Mi primera enciclopedia ilustrada, de Steve Parker.
Barcelona: Parragon Books, 2008.

4 Ahora contesta a las preguntas.

a) Según el texto, ¿para qué trabajan las personas?

....

b) ¿Con qué objetos trabajan los empleados de las oficinas?

....

c) Según el texto, ¿qué profesionales utilizan las manos para trabajar?

....

d) ¿Cuáles son las profesiones consideradas "de emergencias"?

....

5 Relaciona las profesiones con las imágenes.

La fontanera.

El albañil.

La policía.

6 Responde oralmente con tus compañeros.

a) ¿Crees que existen profesiones más importantes que otras? ¿Por qué?

b) ¿Hay alguna profesión que te guste más? ¿Y otra que no te guste mucho? ¿Por qué?

c) ¿Qué otras profesiones existen entre los tipos que viste en el texto?

LECCIÓN 6

EN MI CASA HAY...

¿Cómo se dice?

¡ABUELA, HACE MUCHO TIEMPO QUE NO TE VEMOS!

ESTOY MUY CONTENTA DE VER A TODOS. Y NO NOS OLVIDAMOS DE TUS REGALOS.

¿ESTA ES LA NUEVA CASA QUE HA CONSTRUIDO RAÚL?

SÍ, RAÚL ES MUY BUEN ARQUITECTO Y LA CASA ES ESPACIOSÍSIMA. ESTÁ MUY LINDA, ¿VERDAD, PAPÁ?

¡TU CASA ES MUY CONFORTABLE!

ANTES, ENFRENTE DE LA CASA SOLO HABÍA UN JARDÍN. AHORA TAMBIÉN HAY UN GARAJE PARA GUARDAR EL COCHE.

Para aprender un poco más...

Superlativo absoluto

¡ESTOY FELICÍSIMO!

Muy feliz.

¡PAPÁ ES FUERTÍSIMO!

Muy fuerte.

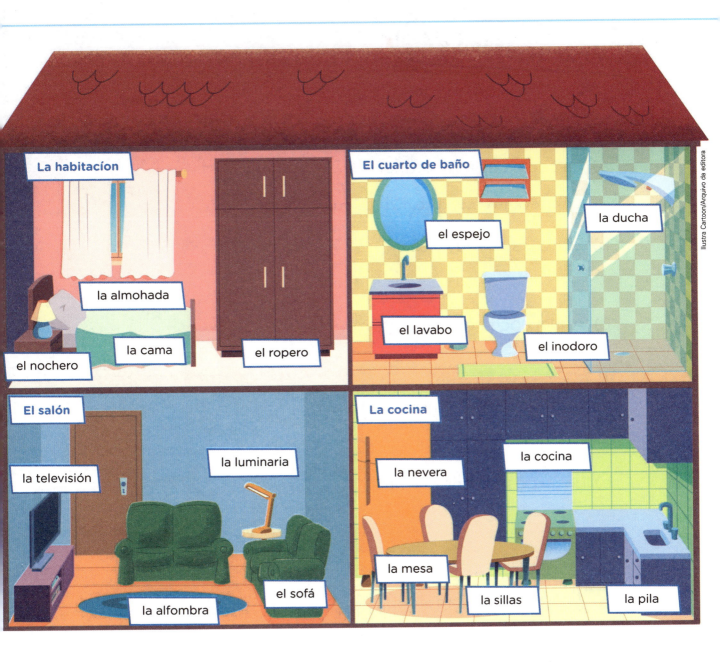

1 Escribe los adjetivos en el grado superlativo. Sigue el modelo.

a) La cocina es muy grande.

   La cocina es grandísima.

b) Esa casa es muy bella.

c) Aquel coche es muy caro.

d) La habitación es muy espaciosa.

e) Los niños son inteligentes.

f) El cuarto de baño es muy amplio.

g) Este coche es muy rápido.

h) Camila es muy divertida.

i) Pablo es muy amable.

j) El sillón es muy confortable.

2 Escribe: ¿Qué podemos encontrar en...

... el salón?	... la cocina?	... la habitación?	... el cuarto de baño?

3 Observa las ilustraciones y contesta a las preguntas.

a) ¿En qué lugar de la casa está Dolores?

....

b) ¿Dónde están Alejandro y Dolores?

....

¡Ahora lo sé!

1 Vamos a leer.

Las casas más extrañas del mundo

Alrededor del mundo entero existen casas que constituyen grandes atractivos turísticos para determinadas ciudades. Es que cuando el dinero es suficiente, uno puede dar rienda suelta a la imaginación y el lujo para diseñar su casa a gusto, sin necesidad de escatimar en lo más mínimo. También están aquellos que han construido sus propios hogares con esfuerzo y dedicación, durante mucho tiempo o con los únicos materiales disponibles... Échale un vistazo a estos extravagantes ejemplos, estas son algunas de las casas más extrañas del mundo.

Isla Mujeres – México

La casa con forma de concha de mar se encuentra en la Isla Mujeres. Esta gran casa--concha es el hogar del gran artista mexicano Octavio Ocampo, quien la construyó con hormigón y numerosos materiales reciclados, siendo un verdadero ejemplo a tener en cuenta. En el interior, todo está decorado con numerosos elementos del mar, como caracolas, estrellas y conchas de mar. Además, la casa posee 2 habitaciones, 2 baños y 2 piscinas.

Foto de 2005.

Sopot – Polonia

Las casas torcidas son parte de un singular centro comercial ubicado en la ciudad polaca de Sopot. No se trata de un efecto de la cámara. Szotynscy y Zaleski diseñaron estas increíbles estructuras con sumo cuidado para darles ese aspecto único, como si todo estuviera torcido. Estas extrañas estructuras tienen un aire caricaturesco y colorido que atrae a numerosos turistas año a año.

Foto de 2013.

Ribeirão das Neves – Minas Gerais – Brasil

Ubicada en un pequeño municipio del estado brasileño de Minas Gerais, esta casa invertida fue construida por el abogado Eduardo José Lima. Fue fruto de una inspiración en una noche de insomnio.

● Foto de 2008.

Disponible en: <www.nuestrorumbo.com/2010/03/05/las-casas-mas-extranas-del-mundo> y <www.losapuntesdelviajero.com/2009/05/los-edificios-mas-raros-del-mundo-parte.html>. Acceso el: 27 abr. 2020. (Textos adaptados).

- Ahora contesta a las preguntas.

a) ¿Cuál casa del texto te parece más extraña?

b) ¿Cómo debe ser la casa invertida en su interior?

c) ¿Quién construyó la casa-concha?

d) ¿Te gustaría vivir en una de esas casas? ¿En cuál y por qué?

e) Si pudieras construir una casa extraña, ¿cómo sería?

¡Ahora a practicar!

1 En parejas, vuelvan a observar las figuras de las páginas 68 y 69 y señalen las respuestas correctas.

a) ¿Dónde está la familia?

☐ En la cocina.   ☐ En el comedor.   ☐ En el salón.

b) ¿Cuántas habitaciones puedes ver?

☐ Una.   ☐ Dos.   ☐ Tres.

c) ¿Dónde se guarda el coche?

☐ En la habitación.   ☐ En el cuarto de baño.   ☐ En el garaje.

2 Observa las figuras y, después, escribe lo que descubriste de raro. Sigue el ejemplo.

a) El sofá está en el cuarto de baño.

b) _____

c) _____

d) _____

3 Relaciona las frases con las partes de la casa a las que se refieren.

La cocina está limpísima.

El cuarto de baño es grandísimo.

La habitación es lindísima.

El salón es confortabilísimo.

¿Lo sabías?

En el mundo hispanohablante hay diferentes formas de nombrar algunos muebles y partes de la casa. ¿Vamos a conocer algunas de esas formas?

heladera
nevera
refrigerador
frigorífico

habitación
cuarto
dormitorio
pieza

salón
sala
living

4 Vamos a leer.

Inventos

Cuando el primer hombre llegó al mundo, lo encontró vacío. Fue paseando hasta que se cansó.

"Falta algo —pensó—. Una cosa de cuatro patas para sentarse." E inventó la silla. Se sentó y miró a la lejanía.

Wonderful. Maravilloso.

"Pero no del todo. Falta algo —pensó—. Una cosa cuadrada, para estirar las piernas debajo y apoyar los codos encima."

E inventó la mesa. Puso las piernas debajo, apoyó los codos encima y miró a la lejanía.

Wonderful.

Pero de la lejanía iba llegando un viento, y con él se acercaban unas nubes oscuras.

Empezó a llover.

"No tan *wonderful*. Falta algo, una cosa con una cosa encima que le proteja a uno del viento y del agua."

E inventó la casa. Cogió la silla y la mesa, las llevó dentro, estiró las piernas, apoyó los codos sobre la mesa y miró la lluvia a través de la ventana.

Wonderful.

Bajo la lluvia vio entonces a otro hombre.

Llegó a la casa.

—¿Puedo meterme debajo?—preguntó el otro hombre.

—*Please* —dijo el primero—. Por favor.

Le enseñó lo que había inventado: la silla para sentar-se, la mesa para las piernas y los codos, la casa con cuatro paredes y techo para protegerse del viento y del agua, la puerta para entrar, la ventana para mirar al exterior.

Cuando el otro hombre hubo visto, probado y elogiado de todos los inventos, el primero preguntó:

—¿Y usted, querido vecino?

El otro permaneció en silencio. No se atrevía a decir que él había inventado el viento y la lluvia.

Cuando el mundo era joven todavía, de Jürg Schubiger. Madrid: Anaya, 2015. p. 21-22.

5 Escribe **V** (verdadero) o **F** (falso) según el texto.

a) ☐ El primer hombre que llegó al mundo inventó la cama.

b) ☐ Después que inventó la mesa, empezó a llover.

c) ☐ El hombre vio otros dos hombres bajo la lluvia.

d) ☐ El primer hombre inventó la silla, la mesa y la casa.

e) ☐ El segundo hombre inventó el coche.

6 Ahora contesta a las preguntas de acuerdo con el texto.

a) ¿Por qué el hombre inventó la casa?

....

....

b) ¿Por qué al final del cuento se quedó en silencio el otro nombre?

....

....

7 Dibuja en una hoja aparte cómo imaginas que serían los inventos del cuento. Luego, muestra los dibujos a tus compañeros.

8 Ahora responde oralmente con tus compañeros.

a) Observa a tu alrededor y contesta: ¿Qué cosas puedes ver que fueron inventadas por el ser humano? ¿Y qué cosas no fueron inventadas por los humanos?

b) ¿Qué cosas todavía no fueron inventadas y que podrían ser útiles en nuestra rutina?

EL TEMA ES...

Las profesiones y la tecnología

En esta Unidad, hemos aprendido el nombre y las funciones de diversas profesiones. Ahora, ¿vamos a conocer un poco más sobre el papel de la tecnología en algunas áreas de trabajo?

Pero, ¿qué es la tecnología?

La tecnología es la aplicación de un conjunto de conocimientos científicos y habilidades con un claro objetivo: crear mecanismos para solucionar determinados problemas.

La tecnología en la medicina

Brazo mecánico

La robótica es de gran utilidad en la medicina: grandes brazos mecánicos supervisados por equipos médicos especialistas facilitan que las intervenciones en procedimientos neurológicos, cardiológicos y tantos otros tengan la capacidad milimétrica de superar la precisión de las manos humanas.

Impresora 3D

Las impresoras 3D ofrecen un mundo nuevo de posibilidades, ya que permiten fabricar prácticamente cualquier cosa que se pueda imaginar. Miles de personas en el mundo ahora tienen acceso a diferentes prótesis que ayudan a mejorar su calidad de vida.

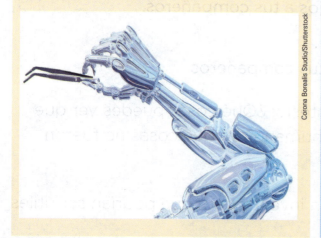

La tecnología en la educación

Pizarra digital

La pizarra digital auxilia los profesores en las clases presenciales y les permite exhibir imágenes y videos y reproducir sonidos. También existen las pizarras digitales interactivas que pueden ser controladas mediante un puntero o incluso con el dedo.

Internet

Con el internet tenemos la posibilidad de acceder rapidamente a la información. Esa herramienta no excluye otras maneras de investigar, pero deja la información a la mano cuando la necesitamos de inmediato. A través del internet también es posible tener clases *online* y comunicarse con los compañeros del aula y el profesor.

 Ahora conversa con los compañeros y el profesor.

1 ¿Cómo crees que la tecnología actúa en la vida de las personas que conoces?

2 ¿Cómo usas la tecnología en tu día a día?

3 ¿Qué harías si tuvieras que quedarte seis meses sin internet?

4 ¿Qué avances tecnológicos crees que pueden surgir de aquí a poco tiempo?

UNIDAD 4

LA NATURALEZA

⋛ Entra en esta rueda ⋚

- ¿Dónde están estas personas? ¿Qué hacen?

- ¿Ya fuiste o vives cerca de un lugar así? ¿Lo puedes describir?

⋛ En esta Unidad vamos a estudiar... ⋚

- Los animales marinos.
- Los numerales ordinales del 1 al 20.
- El verbo **ir** en presente de indicativo.
- Las expresiones **muy**, **mucho(a)** y **muchos(as)**.
- Cómo hacer planes.
- Los objetos que se utilizan en un campamento.

ANIMALES DEL ACUARIO

Para aprender un poco más...

Los numerales ordinales			
1.º	primero(a)	6.º	sexto(a)
2.º	segundo(a)	7.º	séptimo(a)
3.º	tercero(a)	8.º	octavo(a)
4.º	cuarto(a)	9.º	noveno(a)
5.º	quinto(a)	10.º	décimo(a)

Los numerales ordinales			
11.º	decimoprimero(a)	16.º	decimosexto(a)
12.º	decimosegundo(a)	17.º	decimoséptimo(a)
13.º	decimotercero(a)	18.º	decimoctavo(a)
14.º	decimocuarto(a)	19.º	decimonoveno(a)
15.º	decimoquinto(a)	20.º	vigésimo(a)

¿Cómo se escribe?

1 ¿Cuál es el orden?

a) El .... es el .... (1.º)

y el .... es el .... (2.º).

b) La .... es la .... (3.ª) y la

.... es la .... (4.ª).

c) El .... es el .... (5.º) y la

.... es la .... (6.ª).

2 Escucha y escribe.

a

c

e

b

d

f

3 Escribe los cardinales y ordinales correspondientes a los numerales.

Numeral	Cardinal	Ordinal
1		
3		
4		
6		
9		
15		
17		
18		
20		

4 Escribe los números entre paréntesis en ordinales o cardinales, según corresponda.

a) El _____ (5) capítulo tiene _____ (20) páginas.

b) La _____ (8) letra del alfabeto español es la **h** y el alfabeto tiene _____ (27) letras.

c) Vivo en el _____ (7) piso y el edificio tiene _____ (15) pisos.

d) El _____ (2) mes del año es febrero.

e) La semana tiene _____ (7) días.

¡Ahora lo sé!

1 Lee el texto.

Zoo Aquarium de Madrid

La apertura del primer acuario marino tropical de España tuvo lugar en el Zoo de Madrid, allá por 1995. Este acontecimiento fue muy importante en relación con los espacios dedicados a la exhibición y divulgación de conocimiento en torno a la diversidad animal en nuestro país; además, supuso un gran cambio en la institución, que pasó a llamarse Zoo Aquarium de Madrid. La instalación, que expone más de una treintena de acuarios, contribuyó enormemente a enriquecer los contenidos zoológicos del recinto, que se completaría con espacios como el Delfinario y Aviario. El acuario es una interesante estructura piramidal de cristal, perfectamente visible desde otras zonas del parque, y consta de dos plantas que ocupan un total de 2 000 metros cuadrados de superficie. Resultan muy espectaculares los dos grandes túneles que, a lo largo de 18 metros de longitud, se extienden ante la vista de los visitantes en cuanto entran al pabellón.

● Visitante observando una tortuga boba en el Zoo Aquarium de Madrid, en 2016.

● Flamencos en el Zoo Aquarium de Madrid, en 2018.

La diversidad de las especies que existen en el Aquarium de Madrid contribuye a que el gran público pueda conocer ejemplares cuyo exotismo les mantiene en el "anonimato" más absoluto. Ocurre con el pez pipa mula, que llegó aquí para compartir hogar con un pariente próximo, el caballito de mar Mediterráneo (el *Hippocampus guttulatus*), y es un experto en camuflarse entre los vegetales submarinos. Tortugas carey, o tortugas bobas, o la muy longeva tortuga verde (procedente de América Central y el Caribe), son familias de animales que pueden verse en el acuario. O peces tamaño XXL, como el mero gigante, ejemplar asiático que está actualmente en situación de vulnerabilidad.

Disponible en: <http://zoomadrid.com/aquarium>. Acceso el: 14 nov. 2019.

- pez pipa mula
- mero gigante

- Ahora contesta a las preguntas.

a) ¿Cuándo fue inaugurado el Zoo Aquarium de Madrid?

....

b) La instalación del Zoo Aquarium de Madrid tiene más de una:

☐ decena de acuarios.

☐ veintena de acuarios.

☐ treintena de acuarios.

c) ¿Qué animal es experto en camuflarse entre los vegetales submarinos?

....

¡Ahora a practicar!

1 Escucha y señala.

a

b

c

2 Relaciona las columnas y escribe las frases completas en tu cuaderno.

a) Los peces león son ☐ con las anémonas.

b) El pez payaso vive ☐ llegar a medir ocho metros.

c) Los pingüinos son ☐ aves adaptadas a la vida marina.

d) Los caballitos de mar son ☐ hermosos, pero peligrosos.

e) Las rayas pueden ☐ un grupo de peces marinos.

3 Lee las hablas y escríbelas en los globos correspondientes.

—Sí, y tiene muchos tesoros piratas también.

—Es verdad, la vida marina es muy rica e interesante.

—¿Has visto cuantas especies marinas estamos aprendiendo en la escuela?

4 ¿Ya viste la película **Buscando a Nemo**? Lee el texto sobre los personajes de esa aventura.

Los personajes de Buscando a Nemo

Marlin (Padre)

Especie: Pez Payaso

Marlin vive en un idílico arrecife de coral, bajo la protección que le ofrece su casa anémona. Tras perder a su esposa y a su familia en el océano, Marlin se quedó solo para educar a su único hijo superviviente, Nemo. Se prometió a sí mismo que jamás permitiría que le ocurriera nada a Nemo. Es un padre cariñoso y responsable y ha mantenido su promesa todos estos años. Sin embargo, cada día teme y desconfía más del mar. Le resulta muy difícil dejar solo a Nemo en su primer día de colegio. Cuando, de repente, un buceador atrapa a Nemo, Marlin busca en su interior el valor y la sabiduría que necesita para ir en su busca por el impredecible océano y recuperarlo.

Dory

Especie: Cirujano Azul

No encontrarás un pez más amable, simpático y sociable que Dory en todo el océano. Se pasaría el día entero hablando contigo y contándote su vida... si pudiera, porque Dory sufre de amnesia a corto plazo. Es el buen samaritano en versión acuática que se ofrece para ayudar a Marlin a buscar a su hijo. No hay duda de que forman una pareja extraña para semejante aventura, pero su optimismo resulta ser fundamental para ayudar a Marlin a superar los obstáculos.

Nemo

Especie: Pez Payaso

Nemo es un niño curioso e impresionable que vive solo con Marlin, un padre excesivamente protector. Ha llevado una vida muy tranquila y está muy emocionado ante la perspectiva de su primer día de colegio. Por fin va a tener la oportunidad de descubrir las maravillas que esconde la Gran Barrera de Coral. A pesar de que tiene una aleta deformada de nacimiento, siente una gran sed de aventuras y, cuando el destino lo lleva muy lejos de su casa, descubre que es capaz de hacer grandes cosas.

Crush

Especie: Tortuga Marina

Nadie se divierte tanto como Crush viajando por las corrientes marinas. Aunque esa tortuga marina tiene 150 años, se siente muy joven en su interior y se comporta como un joven surfista que se deja llevar por la corriente. Cuando Crush conoce a Marlin y a Dory, está encantado en ayudarles a encontrar el camino, si es que son capaces de salir ilesos de la cabalgada más salvaje de su vida.

Buscando a Nemo. **LaHiguera.net**. Disponible en: <https://lahiguera.net/cinemania/pelicula/802/sinopsis.php>. Acceso el: 15 nov. 2019. (Texto adaptado.)

5 Ahora contesta a las preguntas según el texto.

a) ¿Qué le pasa al personaje Nemo? ¿Cómo reacciona su papá?

....

....

b) ¿Cuál es el problema de que sufre Dory? ¿Qué calidad suya será importante en la aventura?

....

....

c) ¿Qué tiene de particular el personaje Crush?

....

....

6 Relaciona los personajes de la película con las imágenes.

1 — Dory

2 — Nemo

3 — Crush

7 Responde a las preguntas oralmente con tus compañeros.

a) ¿Ya te perdiste alguna vez de los adultos? ¿Cómo sucedió?

b) ¿Cómo te relacionas con los adultos que son responsables por ti?

c) ¿Crees que los animales son felices viviendo en un acuario? ¿Por qué?

Noventa y uno **91**

LECCIÓN 8 — PASEO ECOLÓGICO

Para aprender un poco más...

Verbo ir	
Yo	voy
Tú/Vos	vas
Él/Ella/Usted	va
Nosotros(as)	vamos
Vosotros(as)	vais
Ellos/Ellas/Ustedes	van

Haciendo planes

verbo **ir** + **a** + verbo en infinitivo

Muy, mucho(s) y muchas(s)

¿Cómo se escribe?

1 Completa con el verbo **ir** en presente de indicativo.

a) Nosotros _____ a conocer el campamento.

b) Yo _____ a caminar por la playa.

c) Vos _____ a escalar la colina.

d) Tú _____ a planear tus vacaciones.

e) Ella _____ a caminar sola.

f) María y Carlos _____ a escuchar música.

2 Completa las frases con **muy**, **mucho**, **mucha**, **muchos** o **muchas**.

a) Me gusta _____ acampar con mis amigos.

b) Hoy caminamos bastante. Estamos _____ cansados.

c) Tengo _____ sed. ¿Tienes agua?

d) Vamos a tener _____ cosas divertidas para contar a nuestros amigos.

e) Podemos hacer _____ amigos en un campamento.

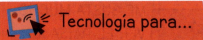 Tecnología para...

Conjugar verbos

Cuando no sabemos la conjugación de determinado verbo, podemos consultar conjugadores verbales *online*. En los conjugadores, es posible hacer una búsqueda del verbo en infinitivo y acceder a su conjugación en diferentes tiempos verbales. Hay diversas opciones de conjugadores en internet y también existen aplicaciones con ese objetivo.

3 Mira las fotos y escribe qué representan.

¡Ahora lo sé!

1 ¡Haciendo planes! Contesta las preguntas utilizando las expresiones del recuadro.

| nadar en la playa | pescar en el río |
| cantar cerca de la hoguera | cabalgar en el campo |

a) ¿Qué van a hacer ellas?

....

....

b) Marina, ¿qué vas a hacer hoy?

....

....

c) ¿Qué vamos a hacer por la noche?

....

....

d) ¿Qué vas a hacer por la tarde, Pedro?

....

....

2 Lee el texto.

En un campamento

Recuerdo que cuando fui a mi primer campamento llevé gran cantidad de elementos que supuestamente necesitaría. Después descubrí que la mayoría de las cosas fueron desnecesarias. Por esto decidí escribir este manual con algunas experiencias propias y de grupo. Está claro que las primeras experiencias de acampar deben ser con personas que tengan conocimiento y experiencia al respecto para que sirvan de guía. Debemos dar mucha importancia a la seguridad y a los cuidados con la naturaleza. Entonces… ¿Vamos a algunos consejitos?

Ropas y calzados: no debemos llevar ropas en exceso; calzados como las botas son mejores, pues protegen el pie de torceduras y posibles lesiones cortantes.

Objetos diversos:
- Bolsa de dormir: debe ser impermeable, por si llueve.
- Linterna: muy útil para caminar por el campamento de noche; recuerda de llevar pilas.
- Tienda: un objeto primordial, es donde vamos a dormir.
- Platos y cubiertos: pueden ser de plástico; hay algunos específicos para campamentos.

Muchos otros objetos y actitudes importantes deberán hacer parte de un campamento seguro y divertido: la solidaridad, la responsabilidad, el respeto con la naturaleza y, claro, la alegría.

Disponible en: <http://html.rincondelvago.com/campamentos.html>.
Acceso el: 15 nov. 2019. (Texto adaptado.)

- Ahora contesta a las preguntas.

a) ¿Es necesario llevar mucha ropa para acampar?

b) ¿Necesitamos llevar una tienda? ¿Por qué?

c) ¿Qué actitudes importantes debemos tener en un campamento?

¡Ahora a practicar!

1 Escucha y señala.

a

b

c

- Ahora escribe qué va a hacer cada persona.

  a) En el campamento Rodrigo va a _____.

  b) En el campamento Carla va a _____ una montaña.

  c) En el campamento Carmen va a _____.

2 Ordena las actividades según la historieta.

Batu 1, de Tute. Buenos Aires: Sudamericana, 2009.

☐ Jugar a la pelota.

☐ Correr.

☐ Reposar.

☐ Volar cometas.

☐ Deslizar en la arena.

☐ Nadar.

¿Lo sabías?

¿Qué es una brújula?

Una brújula es un instrumento de orientación, el cual le permite al viajero ubicarse espacialmente respecto del norte magnético por medio de una aguja imantada. Es un instrumento fundamental para marineros, excursionistas, pilotos, cazadores, exploradores, etc.

La primera brújula surgió en China. Se usaba fundamentalmente como un instrumento de navegación que le permitía a los viajeros de ultramar orientarse en el espacio y definir la trayectoria a seguir, pero no era infalible. Con el tiempo, se desarrollaron otros sistemas de brújula.

Qué es brújula. **Significados**. Disponible en: <https://significados.com/brujula/>. Acceso el: 15 nov. 2019.

3 Vamos a leer.

Disponible en: <http://www.fundacionanavaldivia.org/campamento-de-otono-con-la-fundacion-ana-valdivia-nos-vamos-a-bustarviejo/#prettyPhoto>. Acceso el: 15 nov. 2019.

4 Ahora contesta las preguntas sobre el anuncio.

a) ¿Qué evento divulga el anuncio? ¿Dónde se realizará?

....
....

b) ¿Cuándo empieza y termina el campamento?

....

c) ¿Cuál debe ser la edad de los participantes?

....

d) ¿Cuánto se cobra por persona y qué incluye?

....

5 Haz un dibujo de cómo será ese campamento y crea una frase diciendo qué van a hacer los participantes en ese lugar.

....

6 Responde oralmente con tus compañeros.

a) ¿Ya participaste en alguna acción solidaria como la que se propone en el anuncio?

b) ¿Crees que iniciativas como este tipo de campamento pueden ayudar a las personas? ¿Por qué?

EL TEMA ES...

Turismo responsable

En esta Unidad, conociste el vocabulario relacionado a los campamentos y a los paseos ecológicos. Ahora, ¿qué tal saber un poco más sobre cómo podemos ser turistas responsables? Lee los textos.

Disponible en: <http://homesapiens.es/2017/10/5-consejos-basicos-practicar-turismo-responsable/>. Acceso el: 13 mayo 2020.

Compra *souvernirs* locales

Si vas a hacer compras, busca objetos hechos por la población local. Así ayudas a la economía del lugar y valoras su cultura.

● Mochilas hechas por los indígenas del pueblo wayuu, en Guajira, Colombia.

Usa transporte sostenible

Para no contaminar el aire, haz los paseos a pie, en bici o en bus. Así también puedes conocer el lugar desde más cerca.

● Ciclista haciendo un *bike tour* en el Lago Epuyén, en Chubut, Argentina.

Respeta la naturaleza

Después de disfrutar del ambiente que visitaste, debes recoger la basura producida. Siempre que sea posible, separa los residuos reciclables y descártalos en los lugares adecuados. Además, no debes llevarte plantas, piedras, conchas u otros elementos naturales del ambiente.

Haz *tours* éticos

Si quieres observar animales, busca paseos en que no los maltraten. Investiga o pide a los adultos que investiguen cómo son tratados los animales en el lugar. Es posible, por ejemplo, hacer paseos a parques naturales en que los animales viven libres o a lugares que se encargan de cuidarlos y devolverlos a su *hábitat*.

● Señal en area de recreación, en Catellón de Rugat, España.

● Tapir libre en el Parque Nacional Corcovado, en Costa Rica.

Respeta la cultura local

Intenta conocer la cultura de las personas del lugar, como sus tradiciones, sus hábitos alimenticios, su idioma, etc. Demuestra siempre respeto a la cultura y a la población local.

● Pastel de choclo, plato típico chileno.

Ahora habla con los compañeros y el profesor.

1. ¿Crees que todas las personas hacen turismo responsable? ¿Por qué?
2. ¿Cuando sales a pasear, qué haces con la basura que produces?
3. ¿Qué otras actitudes tú y tu familia hacen o pueden hacer en un paseo para respetar la naturaleza?
4. ¿Ya observaste animales en algún paseo o viaje? ¿Dónde ellos estaban? ¿Como fue la experiencia?

REPASO 1 — De viaje

1 Observa las figuras y contesta a las preguntas.

¿Quién es la persona que atiende y recibe a los pasajeros del avión?

....

¿Qué documentación es necesaria para viajar fuera del país?

....

¿Cuál es el medio de transporte más utilizado en viajes largos?

....

SOY VENEZOLANA.

¿De dónde es la niña?

....

2 Completa las frases con el verbo **viajar**.

a) Nosotros .... en avión para Nicaragua.

b) La azafata .... toda la semana.

c) Los pasajeros .... muy felices de vacaciones para Madrid.

d) Tú .... en coche para la playa.

e) La recepcionista no .... en avión.

f) Yo .... en tren todos los días.

g) Ellas .... para muchos lugares.

3 Completa la conversación con las palabras del recuadro.

| avión | ansioso | tranquilo | mañana | miedo |

¿YA VIAJASTE EN ...., ROBERTO?

SÍ, JAIME. LA PRIMERA VEZ TUVE ...., PERO TODO FUE .... ¿Y TÚ?

NUNCA VIAJÉ, PERO .... VOY CON MIS ABUELOS A MÉXICO Y ESTOY MUY ....

CREO QUE TE ENCANTARÁ EL VIAJE EN AVIÓN.

REPASO 2 — En el hotel

1 Lee las frases y señala la figura correcta.

a) La familia va a conocer el Museo del Prado.

b) El comedor es muy grande.

c) El maletero ayuda con el equipaje.

d) La habitación es en el piso 20.

2 Relaciona las figuras con las frases.

El comedor es muy pequeño.

La plaza está ubicada enfrente del hotel.

El maletero está en el ascensor.

La habitación es muy confortable.

3 Completa las frases con el verbo **conocer**.

a) Yo .... el aeropuerto de Ecuador.

b) La familia García no .... los puntos turísticos de Madrid.

c) Nosotros .... el Museo de Cera.

d) Tú .... la Plaza de España.

e) Nicolás y Manuela .... la Ciudad de México.

f) Él .... al Sr. García.

REPASO 3 ¿Qué hay en la ciudad?

1 Observa el mapa y completa las frases.

| PAULA | MARCOS | LUCÍA | PEDRO |

a) La casa de Paula está .... de la escuela.

b) Marcos está en el ....

c) La casa de Lucía está .... de la iglesia.

d) Pedro está en el ....

2 Completa las frases con el verbo **ver**.

a) Yo .... el Corcovado.

b) Nosotras .... las cataratas del Iguazú.

3 Escribe los aspectos positivos y negativos de tu ciudad. Sigue los ejemplos.

1. Mi ciudad tiene muchos cines.
2. ....
3. ....
4. ....
5. ....

1. Mi ciudad tiene pocos parques.
2. ....
3. ....
4. ....
5. ....

REPASO 4 — En el restaurante

1 Copia las palabras en el grupo correcto.

> paella   agua mineral   refresco   gazpacho
> helado de limón   ensalada de frutas

Comida	Bebida	Postre
....	....	....
....	....	....

2 Ordena los hechos y numéralos. Después escribe las frases correspondientes.

AQUÍ ESTÁN LOS ZUMOS Y LA PAELLA. ¡BUEN APETITO!

CAMARERO, POR FAVOR, TRÁIGANOS LA CUENTA.

¡BUENAS NOCHES! ESTE ES UN RESTAURANTE TÍPICO ESPAÑOL.

MUCHAS GRACIAS. BRINDEMOS POR LAS VACACIONES. ¡CHINCHÍN!

110 Ciento diez

3 ¡Jugando a la escondida! Busca y circula los cinco niños.

4 Relaciona las columnas.

a) Isabel y Luis quieren probar ☐ un zumo de limón.

b) Ellos fueron a cenar ☐ en un restaurante.

c) Vamos a tomar ☐ la paella.

d) El gazpacho es ☐ una comida típica española.

- Ahora, escribe las frases completas.

a) ....

b) ....

c) ....

d) ....

REPASO 5 — ¿En qué tú trabajas?

1 Observa las figuras y escribe la descripción. Sigue el modelo.

a) ME LLAMO LUCAS Y TENGO 25 AÑOS. TRABAJO CON LA COMPUTADORA Y ME ENCANTA DESARROLLAR PROPAGANDAS NUEVAS. MI TRABAJO ES MUY CREATIVO. SOY PUBLICISTA.

2 Completa las frases con el verbo **trabajar**.

a) El veterinario .... con los animales.

b) Los dibujantes .... haciendo dibujos y cómics.

c) Nosotros .... en el restaurante.

d) ¿Tú .... todos los domingos?

3 Escribe un texto corto acerca de cada profesión presentada en las imágenes. Utiliza las palabras del recuadro correspondiente.

a | hospital   rehabilitación   tratamientos   lesiones

....
....
....

b | dibujos   casas   edificios   construcción

....
....
....

c | recomendaciones   personas   empresas   ley

....
....
....

d | libros   artículos   revistas   periódicos

....
....
....

REPASO 6 — En mi casa hay...

1 Observa la figura y contesta a las preguntas.

a) ¿Cuántas habitaciones puedes ver en la casa?

....

b) ¿Qué ves en el jardín?

☐ Un gato.   ☐ Un perro.   ☐ Un niño.

c) ¿Dónde está la bicicleta?

....

d) ¿Dónde está la pelota?

....

2 Completa las frases con el adjetivo en el grado superlativo.

a) La habitación es ………………………… (muy bella).

b) Dolores es ………………………… (muy inteligente).

c) El cuarto de baño es ………………………… (muy grande).

d) Lucas es ………………………… (muy amable).

e) ¿Quién está ………………………… (muy triste)?

f) ¡Yo estoy ………………………… (muy contento)!

3 Hagan el crucigrama.

Vertical	Horizontal
garaje	inodoro
ropero	nevera
alfombra	lamparilla

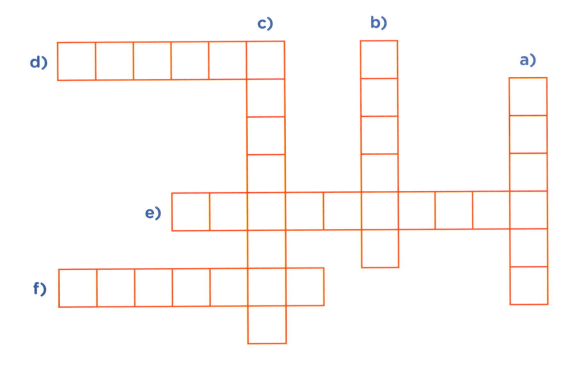

REPASO 7 — Animales del acuario

1 Ordena las palabras y relaciónalas con las imágenes.

| a b l e l n a |
| .... |

| a a y r |
| .... |

| b t n i r ó u |
| .... |

| n é a m a n o |
| .... |

| g e j a n r o c |
| .... |

2 Escribe una frase para cada foto.

REPASO 8 — Paseo ecológico

1 Haciendo planes. Completa las frases con el verbo **ir**.

a) Estela .... a nadar en el río.

b) Nosotros .... a hacer nuevos amigos.

c) Ceci y Marli .... a caminar.

d) Ellos .... a acampar en Chile.

e) Yo .... a escalar la montaña.

f) ¿Vosotros .... a correr en la playa?

2 ¡Bingo!

Bingo

Banco de palabras

hoguera	tienda	cascada	río	montaña
naturaleza	campamento	nadar	caminar	pescar
estrellas	linterna	brújula	martillo	cuerda
fogón	caña de pescar	reposera	navaja	bolsa de dormir
viajar	noche	vacaciones	noche	casa rodante
árbol	cabalgar	jugar	lago	correr

3 Escribe el nombre de los objetos. Después búscalos en la sopa de letras.

....

 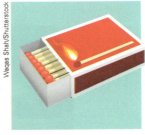  

....

B	P	A	X	E	O	V	A	P	A	T	K	C	C
R	F	T	G	M	A	R	T	I	L	L	O	X	U
Ú	S	Ú	B	E	S	Y	S	Ú	O	Ñ	D	E	E
J	F	A	K	A	U	O	P	E	Q	E	W	Z	R
U	Ó	E	Z	U	X	N	B	Ñ	Q	T	D	D	D
L	S	U	R	U	L	S	W	A	N	W	Ñ	Y	A
A	F	R	R	E	L	A	C	Ú	B	U	O	Ú	C
T	O	I	J	Q	Z	C	Ñ	T	I	E	N	D	A
P	R	Y	T	U	R	X	K	O	P	R	C	A	Y
D	O	T	A	N	R	E	T	N	I	L	O	S	S
A	F	T	J	L	P	O	N	M	T	E	O	X	Z
P	L	N	A	V	A	J	A	N	M	K	Y	G	H
O	L	K	N	Ñ	Q	R	E	P	O	S	E	R	A

Ciento diecinueve **119**

GLOSARIO

A

abogado(a): advogado(a)
abuelo(a): avô/avó
aburrido(a): entediado(a)
acontecimiento: acontecimento, evento
aeropuerto: aeroporto
agradable: agradável
ahora: agora
albañil: pedreiro
alfombra: tapete

almohada: travesseiro
alrededor: ao redor, em torno, em volta
amable: amável
amplio(a): amplo(a)
analista informático: analista de informática
anémona: anêmona

apellido: sobrenome
apodo: apelido

árbol: árvore
arena: areia
arquitecto(a): arquiteto(a)
ascensor: elevador
asiento: assento
atado: amarrado
atractivo turístico: atração turística
autobús: ônibus

avión: avião
ayer: ontem
azafato(a): aeromoço(a)

B

bailar: dançar
baloncesto: basquete
ballena: baleia
basurero: gari; cesto de lixo
bicicleta: bicicleta
bocadillo: sanduíche
bodega: porão do avião onde são guardadas as bagagens
bolsa de dormir: saco de dormir
bombero(a): bombeiro(a)
brújula: bússola
buceador: mergulhador
budín: pudim

C

caballito de mar: cavalo-marinho
caluroso: quente
calle: rua
camarero(a): garçom/garçonete
cangrejo: caranguejo

caña de pescar: vara de pescar
cargaba (verbo cargar): carregava (verbo carregar)
carpintero(a): marceneiro(a)
casa rodante: *trailer*
cascada: cascata
cemento: cimento
cenar: jantar
centro comercial: centro comercial, *shopping center*
cerca: próximo
charlar: falar
chico(a): menino(a)
ciudad: cidade
coche: carro

cocina: cozinha; fogão
cocinero(a): cozinheiro(a); *chef* de cozinha

colectivo: coletivo, transporte público
comedor: restaurante de um hotel; sala de jantar
cómics: histórias em quadrinhos
computadora: computador
confortable: confortável
contestaba (verbo contestar):

respondia (verbo responder)
contrato: contrato
control: controle
control de equipajes: controle de bagagens (aeroporto, rodoviária, porto, etc.)
cuarto de baño: banheiro
cuadra: quarteirão

D

debajo: embaixo
delante: em frente
demasiado: muito
desarrollar: desenvolver
detrás: atrás
dibujante: ilustrador
dibujo: desenho
ducha: chuveiro
duda: dúvida

E

échale un vistazo: dê uma olhada
elegido(a): escolhido(a)
emergencia: emergência
empleado(a): empregado(a)
encargado(a): encarregado(a)
encima: em cima
ensalada: salada
entonces: então
equipaje: bagagem
erizo de mar: ouriço-do-mar

escatimar: economizar, reduzir os gastos
escena: cena
escuela: escola
esfuerzo: esforço
espacioso(a): espaçoso(a)
espejo: espelho
estadía: estada, tempo de permanência em algum lugar
estrella del mar: estrela-do-mar

estupendo(a): magnífico(a); excelente
exquisito(a): delicioso(a); excelente; agradável

F

fogón: fogareiro
fontanero: encanador
fisioterapeuta: fisioterapeuta
fresas: morangos
fuente: fonte

G

garaje: garagem
gaseosa: refrigerante
gazpacho: sopa fria de origem espanhola

H

habitación: quarto
hacia: para
helado: sorvete
hermoso(a): formoso(a), bonito(a), belo(a)
herramienta: ferramenta
hielo: gelo

hogar: lar
hoguera: fogueira

hormigón: concreto
hoy: hoje
hubieras (verbo haber): tivesse (verbo ter)
huecos: lacunas
huésped: hóspede

I

identidad: identidade
iglesia: igreja
imaginación: imaginação
inodoro: vaso sanitário

insensible: insensível
insomnio: insônia
invertida: ao contrário; de ponta-cabeça
inyectar: injetar

J

jersey: suéter
jugaban (verbo jugar): brincavam (verbo **brincar**)

L

ladrido: latido
ladrillo: tijolo
lámpara: lâmpada; lustre
lamparilla: abajur
langostino: lagostim
lanudo(a): peludo(a)
lavabo: pia do banheiro

legumbre: legume
lejos: longe, distante
lesiones: lesões
linterna: lanterna

lío: problema, confusão
listo(a): pronto(a)
llamar: chamar, denominar
llover: chover
luminária: luminária

M

maletero: carregador de malas
manatí: peixe-boi
martillo: martelo
medusa: água-viva
melocotón: pêssego

metro: metrô
mientras: enquanto
monumento: monumento
mojete manchego: prato típico espanhol feito com pimentões vermelhos, cebolas, azeitonas e salsinha

N

naranja: laranja
navaja: canivete
nevera: geladeira
nochero: criado-mudo
novio(a): namorado(a)

O

oficina: escritório
olvidamos (verbo olvidar): esquecemos (verbo **esquecer**)
ordenador: computador

P

pabellón: pavilhão
paella: prato típico espanhol, composto de uma mistura de arroz, carne, frutos do mar, temperado com ingredientes básicos, açafrão, etc.

pared: parede
parque: parque
pasajero(a): passageiro(a)
pasillo: corredor
patata: batata
película: filme
peligroso(a): perigoso(a)
pelota: bola
peluquero(a): cabeleireiro(a)
perro: cachorro

perejil: salsinha

personaje: personagem
pez léon: peixe leão
pez payaso: peixe palhaço
pila: pia; pilha
piloto: piloto (de avião)
pinguino: pinguim
piso: andar (de uma construção)
planear: planejar
plátano: banana

playa: praia
plaza: praça
pollo: frango
polícia: agente policial, polícia
postre: sobremesa
probar: experimentar
profesión: profissão
psicólogo(a): psicólogo(a)
publicista: publicitário(a)
pulpo: polvo

R

raya: raia
reaccionar: reagir
receta: receita (médica, culinária)
recuerdo: lembrança
refresco: refrigerante
regalos: presentes

rehabilitar: reabilitar
reparar: consertar, reparar
reposera: cadeira dobrável; espreguiçadeira

reserva: reserva
retrasado(a): atrasado(a)
ropero: guarda-roupa
rutas: caminhos

S

salir: sair
salón: sala de estar
salud: saúde
saludable: saudável

sandía: melancia

satisfecho: satisfeito
siglo: século
silla: cadeira
sillón: poltrona

sobrenombre: apelido
sostenible: sustentável
sucedido: acontecido
suelo: solo, chão
sufren (verbo sufrir): sofrem (verbo **sofrer**)
suministro: fornecimento
supuso (verbo suponer): supôs (verbo **supor**)

T

testamento: testamento
tiburón: tubarão
tienda: barraca de acampamento

tortilla: omelete; fritada de batata. Na América Central, trata-se de um prato à base de farinha de milho assada

tortuga carey: tartaruga-de-pente, espécie de tartaruga marinha ameaçada de extinção

tren: trem

triste: triste

U

ubicado(a) (verbo ubicar): localizado(a) (verbo **localizar**)

V

vacaciones: férias

vainilla: baunilha

valija: maleta; mala

vendedor(a): vendedor(a)

ventana: janela

verano: verão

veterinário(a): veterinário(a)

vino (verbo venir): veio (verbo **vir**)

vivienda: habitação; moradia

volar cometa: soltar pipa

vuelo: voo

Z

zumo: suco

SUGERENCIAS PARA EL ALUMNO

🔵 Libros

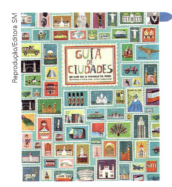

▶ **Guía de ciudades**, de Georgia Cherry. Madri: Ediciones SM, 2016.

Já imaginou conhecer 30 cidades espalhadas pelo mundo sem sair de casa? Nesse livro, o leitor é convidado a visitar Roma, Nova York, Buenos Aires, Moscou, Cidade do Cabo e muitos outros destinos inesquecíveis para todos os turistas.

▶ **El hombre que extendió el desierto**, de Ignácio de Loyola Brandão. São Paulo: Global, 2000.

O livro conta a trajetória de menosprezo do jovem protagonista em relação ao meio ambiente, numa sucessão de acontecimentos que podem ter consequências catastróficas.

▶ **Misterio en Chichén Itzá**, de Alonso Santamarina. Madrid: Edelsa, 2010.

Quando Juan, Andrés e Rocío chegam ao México, tudo os surpreende. Nessa viagem, eles vão conhecer muitos aspectos das civilizações maia e asteca. Quando regressam à Espanha, sonham com seu próximo destino: Santo Domingo, na República Dominicana.

🔵 Enlace

▶ **Misterio en Chichén Itzá**

Disponível em: <http://edelsa.es/es/zona_estudiante/aventuras-para-3/misterio-en-chichen-itza/>. Acesso em: 9 mar. 2020.

Versão de áudio com a narração de *Misterio en Chichén Itzá*.

BIBLIOGRAFÍA

ALONSO, E. *¿Cómo ser profesor/a y querer seguir siéndolo?* Madrid: Edelsa, 1997.

BELLO, P. et al. *Didáctica de las segundas lenguas.* Madrid: Santillana, 1996.

BENVENISTE, E. *Problemas de Lingüística general.* México: Siglo XXI, 1971.

COSTA, D. N. M. da. *Por que ensinar língua estrangeira na escola de 1º grau.* São Paulo: EPU/Educ, 1987.

DI TULLIO, A. *Manual de gramática del español.* Buenos Aires: Waldhuter Editores, 2010.

JOHNSON, K. *Aprender y enseñar lenguas extranjeras:* una introducción. Trad. de Beatriz Álvarez Klein. México: Fundación de Cultura Económica (FCE), 2008.

MARTÍNEZ, A. La variación lingüística como herramienta para la enseñanza de la lengua estándar. In: _____ (Coord.). *El entramado de los lenguajes.* Buenos Aires: La Crujía, 2009.

Notas

CUADERNO DE CREATIVIDAD Y ALEGRÍA

¡Y AHORA A JUGAR!

LECCIÓN 1 – DE VIAJE

1 Encuentra las palabras del recuadro en la sopa de letras.

A	P	Q	W	J	K	A	O	I	U	Y	N	G	E	D	U
P	J	T	C	O	D	E	G	A	P	A	Q	T	S	R	F
A	Q	T	O	R	B	R	N	F	G	V	H	J	T	G	E
S	X	E	C	U	L	O	M	S	I	I	J	Ñ	U	H	Q
A	E	W	H	Ñ	P	P	A	L	Ó	J	O	P	K	U	
P	Y	W	E	P	K	U	J	H	L	N	N	P	E	Q	I
O	L	Q	M	D	J	E	Q	X	Z	Q	W	Q	N	W	P
R	R	N	H	V	B	R	A	E	O	R	Y	C	D	D	A
T	D	M	D	O	I	T	U	Y	R	D	X	A	O	R	J
E	P	L	Q	Q	P	O	P	L	D	C	Q	V	Z	Y	E
P	O	N	A	C	I	O	N	A	L	I	D	A	D	G	T

nacionalidad

avión

pasaporte

coche

aeropuerto

estupendo

equipaje

2 Relaciona las palabras de mismo color y forma frases.

a) ....

b) ....

c) ....

3 Busca las tres situaciones extrañas en el dibujo. Después descríbelas.

....
....
....

4 Lee la historieta y diviértete.

Batu 1, de Tute. Buenos Aires: Sudamericana, 2009.

LECCIÓN 2 – EN EL HOTEL

1 Observa la reproducción de la pintura **Las meninas**, de Diego Velázquez. ¿Qué ves en la imagen?

Las meninas, de Diego Velázquez. 1656.
Óleo sobre tela, 318 cm x 276 cm. Museo del Prado, Madrid.

• Ahora, observa la producción de la pintura **As Meninas da Turma**, de Mauricio de Sousa, y circula en la imagen de abajo las cinco diferencias.

As Meninas da Turma, de Mauricio de Sousa. 1993. Acrílica sobre tela, 143 cm x 128 cm. In: **História em Quadrões**, de Mauricio de Sousa. São Paulo: Globo, 2001.

LECCIÓN 3 – ¿QUÉ HAY EN LA CIUDAD?

1 Observa las escenas y circula las cinco diferencias en la segunda escena. Después, escribe frases de acuerdo con lo que se te pide.

a) Elige dos personajes de esa escena y escribe una frase sobre ellos.

....

....

....

....

b) Elige dos personajes de esa escena y escribe una frase sobre ellos.

....
....
....
....

LECCIÓN 4 – EN EL RESTAURANTE

1 Lee las frases y pega en los lugares adecuados los adhesivos que están al final de este cuaderno.

a) ¡Humm! ¡La paella está exquisita!

c) ¡Estos helados son muy refrescantes!

b) Este restaurante se llama Don Ramón.

d) Después de cenar, vamos a bailar.

2 ¿Qué te gusta comer y beber en el desayuno? Escribe el nombre de la comida y de la bebida y dibújalos.

3 En grupos, identifiquen cuales son los alimentos en la foto. Cada respuesta correcta vale 2 puntos. Gana el grupo con más puntos.

Banana globo, de Carl Warner. s.d.

LECCIÓN 5 – ¿EN QUÉ TÚ TRABAJAS?

1 Completa el crucigrama con las profesiones.

a) Cuida la salud de las personas.

b) Hace comida.

c) Ayuda a los pasajeros en el vuelo.

d) Defiende con la ley.

e) Asiste a los animales.

2 Hora del chiste.

— ¿Y TÚ, A QUÉ TE DEDICAS?

— SOY INVENTOR... ME INVENTÉ LA RUEDA, LA RADIO, LA PENICILINA...

— ¡¡ESO ES MENTIRA!!

— ¿VES? ¡ME LO INVENTO TODO!

Disponible en: <http://mis-chistes.euroresidentes.com/2013/12/10-chistes-cortos-sobre-profesiones-y.html>. Acceso el: 25 feb. 2020.

3 ¿Vamos a describir el trabajo de estos profesionales?

¿Qué profesional es?	....
¿Dónde trabaja?	....
¿Qué hace?	....

¿Qué profesional es?	....
¿Dónde trabaja?	....
¿Qué hace?	....

¿Qué profesional es?	....
¿Dónde trabaja?	....
¿Qué hace?	....

LECCIÓN 6 – EN MI CASA HAY...

1 Digan cuáles son los objetos que pertenecen a estos aposentos.

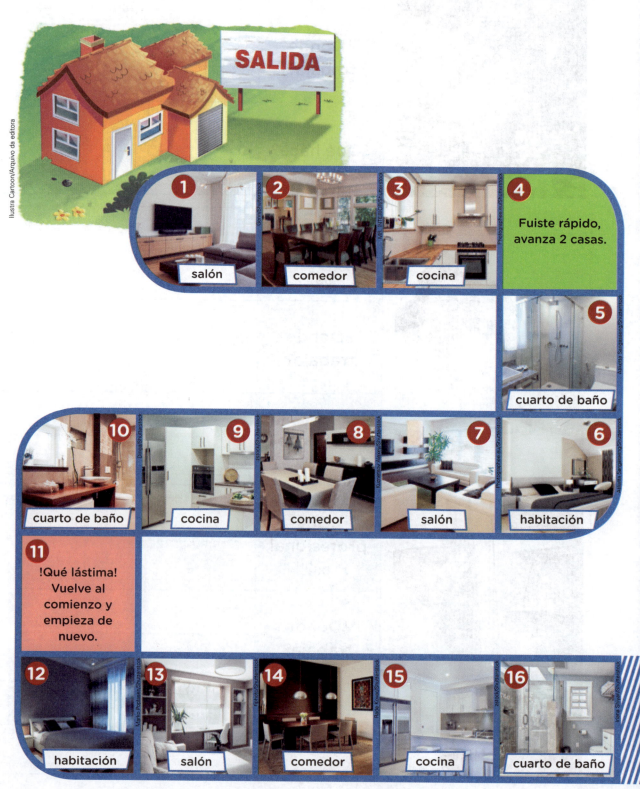

LECCIÓN 7 – ANIMALES DEL ACUARIO

1 Encuentra y circula siete animales.

- Ahora escribe los nombres de los animales que has encontrado.

....

....

2 ¿Vamos a leer este chiste?

Un pez le dice al otro: Y el otro le contesta:

¿QUÉ HACE TU PAPÁ?

NADA. ¿Y EL TUYO?

NADA TAMBIÉN.

3 Encuentra en la sopa de letras los nombres de once animales marinos.

C	A	B	A	L	L	I	T	O	D	E	M	A	R	Y
H	I	A	J	K	L	O	O	C	A	E	V	R	O	I
L	O	L	P	U	I	B	R	Y	P	E	E	O	L	N
J	U	L	A	W	G	R	T	I	B	U	R	Ó	N	I
O	D	E	S	U	C	E	U	P	E	E	P	A	Y	P
T	I	N	B	P	R	O	G	N	M	A	N	A	T	I
O	E	A	V	E	U	E	A	I	W	Y	P	N	E	N
P	A	Y	A	Z	O	M	C	A	N	A	T	É	O	G
C	O	N	T	P	E	S	A	B	A	L	L	M	I	Ü
P	I	N	C	A	N	G	R	E	J	O	C	O	Ü	I
R	C	A	B	Y	A	L	E	L	I	T	T	N	O	N
A	M	A	R	A	V	L	Y	K	M	A	U	A	T	O
Y	C	A	R	S	R	M	A	N	A	T	Í	B	R	T
A	L	L	E	O	L	Ó	N	E	Z	P	Z	E	R	A
O	Y	A	I	R	Ó	N	E	P	E	Z	L	E	Ó	N

• Ahora haz un dibujo de uno de los animales.

LECCIÓN 8 – PASEO ECOLÓGICO

1 Vamos a jugar al ¡**Pare carrito**!.

LETRA	NOMBRE	LUGAR	ANIMAL	PUNTOS

PALILLOS CHINOS

Materiales

25 palillos sin puntas de hacer brochetas de carne.

Pintura negra, roja, verde y amarilla.

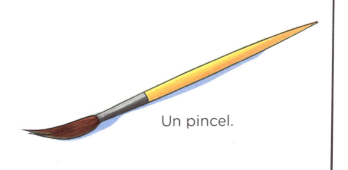

Un pincel.

¡NO MUEVAS EL PALILLO!
ESTE JUEGO ES MUY DIVERTIDO. ÉL PROVIENE DE LA ANTIGUA CHINA, AUNQUE ALLÍ LOS PALILLOS ERAN DE MARFIL Y ESTABAN DELICADAMENTE TALLADOS.
LOS VALORES DE LOS PALILLOS SON:
NEGRO = 10 PUNTOS,
ROJOS = 5 PUNTOS,
VERDES = 3 PUNTOS,
AMARILLOS = 1 PUNTO.

1. Pintamos los palillos de colores: 1 negro, 3 rojos, 9 verdes y 12 amarillos.

2. Dejamos caer los palillos suavemente sobre una mesa.

3. Intentamos sacar los palillos de uno en uno sin mover los demás. Cada participante juega por turno hasta que mueve el montón.

4. Si sacamos el negro, podemos usarlo para apartar los demás. Al final se suman los puntos y el que tiene más gana.

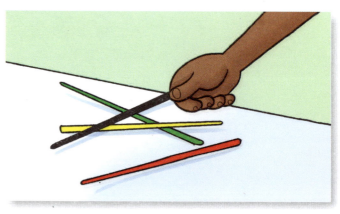

Divertilandia. Madrid: Editorial LIBSA, 2003. p. 127-128. (Texto adaptado).

MOLINETE DE VIENTO

Atención: Es necesario que un adulto te ayude.

Materiales

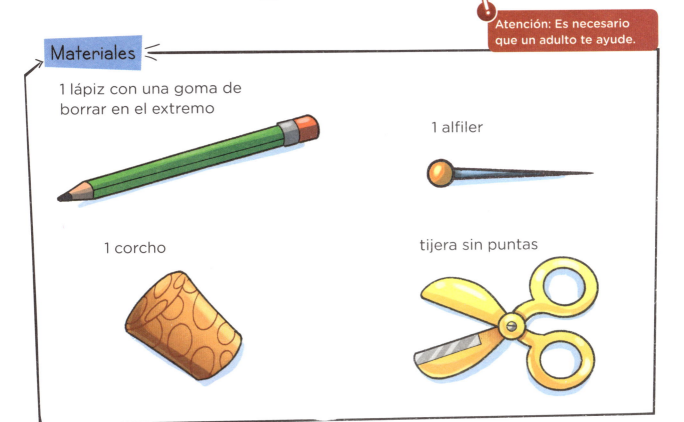

1 lápiz con una goma de borrar en el extremo

1 alfiler

1 corcho

tijera sin puntas

EL MOLINO DE VIENTO ES UNA ENERGÍA LIMPIA, PORQUE NO CONTAMINA. LA FUERZA QUE EL VIENTO ORIGINA AL MOVER SUS ASPAS SE UTILIZA PARA PRODUCIR ELECTRICIDAD.

1. Corta siguiendo el hilo de las diagonales.

2. Se doblan las cuatro alas como muestra el dibujo. Se unen las puntas de las alas con el alfiler.

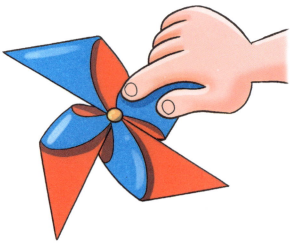

3. Se clava el alfiler en la goma del lápiz y se remata el extremo con un trozo de corcho.

4. ¡Si soplamos, el molinete gira!

Disponible en: <www.salvemosnuestroplaneta.com/SalvemosPlaneta/index.jsp>.
Acceso en: 15 mar. 2020. (Texto adaptado).

PÁGINA 140

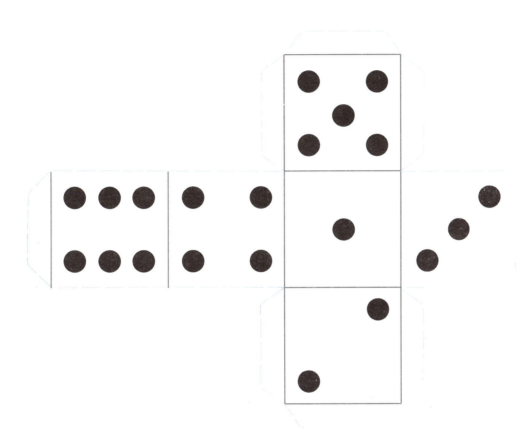

Lección 2 – En el hotel

- Página 22

Lección 3 – ¿Qué hay en la ciudad?

- Página 39

Lección 4 – En el restaurante

- Página 136

Lección 5 – ¿En qué tú trabajas?

- Página 62